夏休みなのに
お客様が8人しかいらっしゃらなかった時代——
私たちのホテルはこんな状態でした。

天井は黒ずみ、ひどく汚れ、
エアコンは埃だらけ。

とくにバックヤードは、乱雑そのものでした。

でも、今は――

地域でいちばん
ピカピカなホテルに
変わりました。

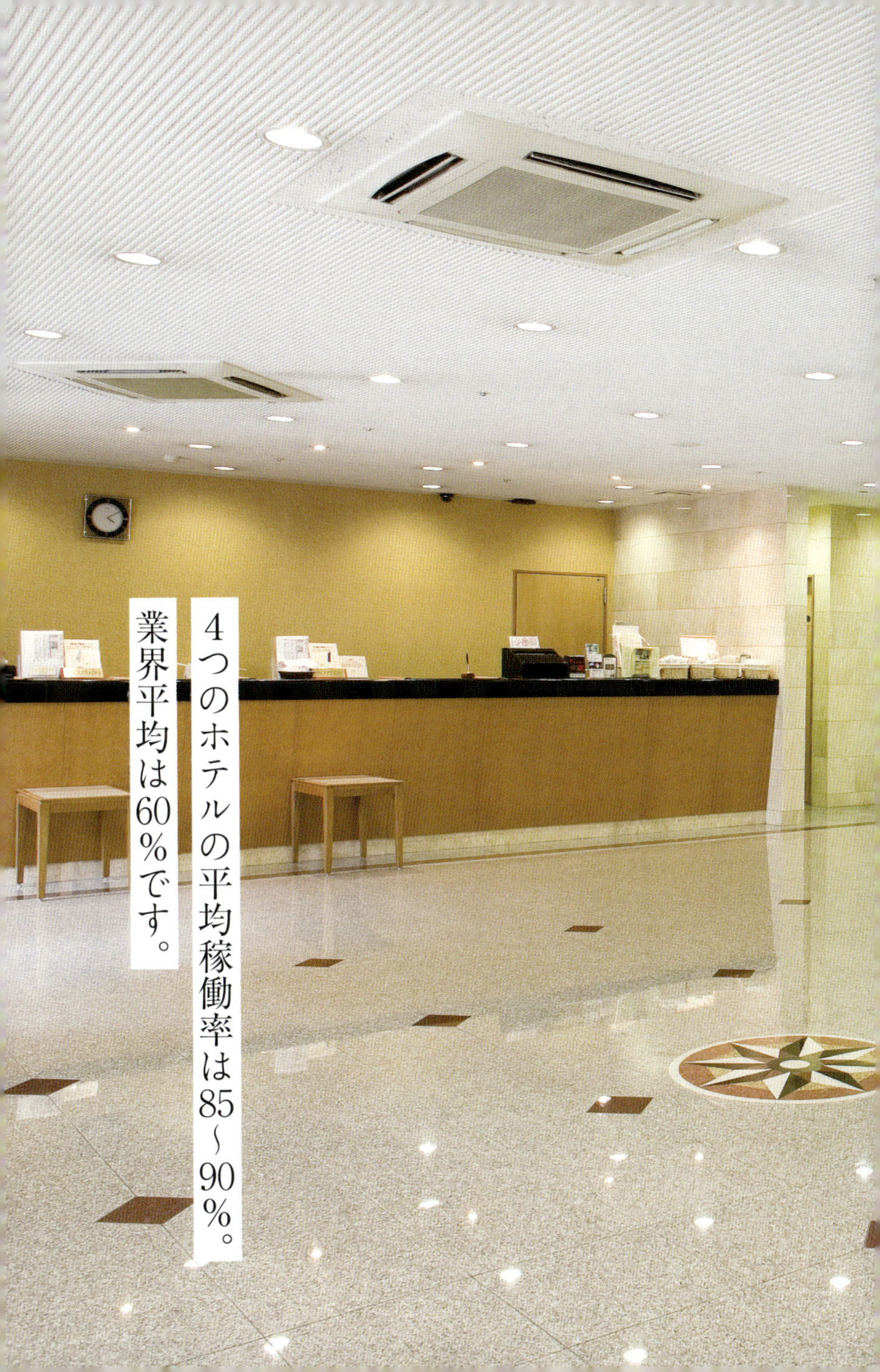

4つのホテルの平均稼働率は85〜90%。
業界平均は60%です。

変えたのは、あいさつ、そうじ、でんわ、だけ。

スタッフも、
施設もそのままです。

ホテル川六エルステージ高松、
エクストールイン熊本銀座通、
エクストールイン熊本水前寺、
エクストールイン西条駅前、
そして新たにオープンした、
エクストールイン山陽小野田厚狭駅前。

私たちの、
人も施設も輝き出す、
すごいしくみをご紹介します。

ホテル川六エルステージ&エクストールインの
〝人も施設も輝き出す〟すごい仕組み

地域でいちばん
ピカピカなホテル

株式会社川六　代表取締役社長
宝田圭一

あさ出版

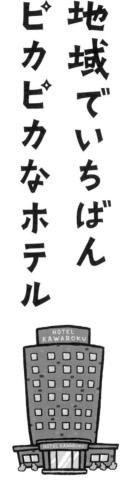

「あいさつ、そうじ、でんわを変えるだけで、
スタッフが生き返り、お客様が笑顔になった。
ホテルだけでなく、
多くの会社再生のヒントが詰まっている。
感動した」

株式会社武蔵野　代表取締役社長

小山昇

はじめに

大手ホテルチェーンにも負けない「地域でいちばん」のホテルに成長

私が社長を務める「株式会社川六《かわろく》」は、「宿泊特化型ビジネスホテル」の経営をする会社です。

香川県高松市に「ホテル川六エルステージ高松」（291室）
熊本県熊本市に「エクストールイン熊本銀座通」（183室）
「エクストールイン熊本水前寺」（108室）
愛媛県西条市に「エクストールイン西条駅前」（112室）
山口県山陽小野田市に「エクストールイン山陽小野田厚狭《あさ》駅前」（115室）
の全5館を運営しています。

もともと、「川六」は、明治10年創業の四国を代表する老舗旅館でした。

旅館を取り巻く環境の悪化にともない、ビジネスホテル「エルステージ高松」へ業態転換し、成功（旅館からビジネスホテルに転換した経緯は、序章で説明します）。

その手腕を買われ、仲介業者から「ホテルのリニューアル案件」が持ち込まれるようになり、2011年以降は、ホテルの再生事業を本格化させています。

熊本の2店舗も西条も経営権を取得した当初は、いつ潰れてもおかしくないほど経営状態は悪化していましたが、いずれのホテルも「1年で黒字化」に成功しています（2017年1月オープンの「エクストールイン山陽小野田厚狭駅前」は、県外では川六初の新築ホテルですが、他の「エクストールイン」と同じく、土地や建物にはオーナーが別にいて、川六と賃貸契約を結んでいます）。

ビジネスホテル業界では、大手ホテルチェーンが全国展開の猛攻をかけていますが、川六は独自の戦略を展開し、堅調に業績を伸ばしています。

ビジネスホテルの稼働率は、平均60％程度と言われていますが、川六グループのホテルは、**平均を上回る85〜90％。**

「楽天トラベルアワード」（楽天トラベルにおいて高い評価を得られたホテル・宿に贈られる賞）を**4年連続で受賞**するなど、高い評価をいただいています。

ホテルの変化にいちばん驚いているのは、お客様よりも従業員

2016年3月1日にリニューアルした「エクストールイン西条駅前」は、開業からわずか2カ月で稼働率80％を超えて、楽天トラベルの地域利用率で1位を獲得しました。

「西条駅前」の劇的な変化に目を丸くしているのは、旧ホテルのスタッフです。

川六がホテルをリニューアルする際、旧ホテルの従業員を引き継いでいますが、スタッフの中には、「これほど閑散としたホテルに、お客様が来てくださるはずがない」「誰が経営をしても、変わらない」とあきらめている人もいます。

フロント担当の鈴木義徳も、そのひとりでした。

旧ホテルの惨状を知る鈴木は、私とのはじめての面談で、開口一番、こう言ったのです。
「申し訳ありませんが、これを機に、辞めさせていただきます。引っ越しでもして、この地域を離れて、ゆっくり次の仕事を探したいと思います」（鈴木義徳）
私は、「いいから、座りなさい」と鈴木を落ち着かせ、そして、「このホテルは、必ず生まれ変われる。このホテルで働けば、必ず成長できる。だから安心してほしい」と伝えました。
「『大丈夫！』と言ったときの社長の笑顔には、何か、力強いオーラと優しさを感じました。なんだかこちらまで嬉しくなってきて、辞めるつもりでいたのに、『お願いします！』と返事をしてしまったんです（笑）。この社長なら変えてくれるという期待を感じたんですね。結果的には、期待以上でした。正直、短期間でここまで良くなるとは思っていなかったですから」（鈴木義徳）

一度は「辞めよう」と決めた鈴木は、現在、お客様からいただく「接客の評価」で1位に選ばれています。

「このホテルは、設備も整っているし、料金もリーズナブルです。インフラはすべて整っているのですから、お客様が来なかったら、それは私たちスタッフの責任です。そう思えるようになったことで、覚悟ができた。旧ホテル時代は、恥ずかしい話、本気で接客をしたことはありませんでした。けれど今は違います。100%、全力でお客様と向き合っています。やらされている接客では、お客様には伝わりません。大切なのは、自分も心から接客を楽しむことだと感じています」（鈴木義徳）

「エクストールイン熊本銀座通」が経営難に陥った2つの理由

川六がはじめてホテルのリニューアルを手がけたのは、熊本県熊本市にある「エクストールイン熊本銀座通」（183室）です。

川六が契約を結ぶ前、「熊本銀座通」には、お客様がほとんどいない状態でした。

当時を知る本堀祐子（フロント担当）は、旧ホテルの衰退を肌で感じたひとりです。

「一般的に『夏休みは、ホテルの繁忙期』と言われています。ところが、お盆なのに、お泊まりになられたお客様が、わずか『8人』しかいなかったことがあったんです。183室もお部屋があるのに、8人だけとは……」（本堀祐子）

このとき、旧ホテルのスタッフの多くは、「お盆だから、みんな家でゆっくりしているのだろう」「わざわざ熊本まで来る人は少ないのだろう」と楽観的に考えていたそうです。

ですが、実際は違いました。

お客様が少なかったのは、このホテルだけ。他のホテルは、たくさんのお客様で賑わっていたのです。

「その後、基本料金を下げるなどの手を打ったのですが、それでも、お客様は戻ってきませんでした。『これ以上、料金を下げることはできない』というところまで下げているのに、空室は減りません。もう手詰まりになって、どうしていいかわからない状況に陥ったとき、手を差し伸べてくれたのが、川六でした」（本堀祐子）

旧ホテルは、建物の状態も良く、立地にも恵まれていました。それなのに、どうして稼働率が上がらなかったのでしょうか。

接客やクレンリネス（清潔さ）のレベルにも問題はありましたが、ホテルを弱体化させた根本的な原因は、おもに「２つ」ありました。

①トップが「現場の声」を聞かなかった

②トップが「方針」を明確にしなかった

①トップが「現場の声」を聞かなかった

川六が経営権を取得し、再建のスタートを切る数日前、本堀から言われたひと言が、今も頭を離れません。

彼女は私に、こう言いました。

「ホチキスを買っても、いいですか？」

驚いたことに、このホテルにはホチキスがなかったのです。本堀が以前、かつての上司に「ホチキスを買いたい」と頼んだところ、「お金がかかるからダメ」と断られたことがありました。

ホチキスひとつ買ってもらえない環境で、スタッフが力を発揮できるわけがありません。

私はその場でお金を渡し、本堀はすぐにホチキスを買いに行きました。

「旧ホテル時代は、スタッフが『こうしたい』『ああしたい』と提案をしても、聞き入れてはもらえませんでした。ですから私たちも、だんだん、何も言わなくなってしまったんです。ですが、宝田社長は、違いました。『何でも言ってくださいと話してくれました。川六のホテルでは、現在、スタッフが毎日、毎日、積極的に改善提案を提出しています。それができるのは、社長と現場の距離が近いからです」（本堀祐子）

旧ホテルのメンバーに、やる気がなかったわけではありません。彼らの心の中には、「こんなことをやってみたい」というやる気の種火《たねび》がありました。けれど、トップが彼らのやる気を封じ込め、飼い殺しにしていたのです。

お盆に「8人」しかお客様が来なかったのは、スタッフのせいではありません。現場の声に耳を貸さなかったトップの責任です。

ホテルの再生でもっとも大切なことは、社員を再生させることです。

「熊本銀座通」をはじめ、「熊本水前寺」も、「西条駅前」も、再生前に多くの社員がやる気を失っていました。社員がやる気を失っていたのは、トップにやる気がなかったからです。

②トップが「方針」を明確にしなかった

本堀は、「旧ホテルと違い、会社（川六）が自分たちに行き先を明示してくれたことが嬉しかった」と述べています。

「会社（川六）がきちんとした戦略を持っていて、『こういうことを徹底していきます』『こういうホテルを目指します』『あなたたちの強みはこれなので、これを生かしていきます』という方針を明確に打ち出してくれたので、何の不安もありませんでした」（本堀祐子）

私は、繰り返し、繰り返し、毎日、毎日、何度も、何度も、「川六の強みは接客である」ことをスタッフに伝えました。

そして、その強みを根付かせるために、**「挨拶」「掃除」「電話」**を徹底させることにしたのです。

誰にでもできることを、誰にも真似できないレベルで徹底する

川六の方針は、明快です。「挨拶」「掃除」「電話」の質を上げることです。

なぜなら、この3つを徹底すること以外に、ホテルと、お客様と、スタッフをピカピカに輝かせる方法はないからです。

川六の名刺には、全員、「あいさつ　そうじ　でんわ」と印刷されています。

川六が旅館からビジネスホテルに業態転換したときから、私は、「挨拶」「掃除」「電話」を川六の経営方針に掲げました。

この3つを選んだ理由は、「誰にでもできる」からです。「挨拶」「掃除」「電話」に、才能も、能力も、実力も、学力も必要ありません。

けれど、「誰にでもできることを、誰にも真似できないレベル」で徹底することができれば、競合ホテルに負けることはありません。

川六が逆風や逆境に負けない「強いホテル」に生まれ変わることができたのは、「挨拶」「掃除」「電話」を土台にしたからです。

「エクストールイン熊本銀座通」は、かつて、平均稼働率が25％まで落ち込んでいましたが、現場の声を集めてサービス改善を繰り返し、「挨拶」「掃除」「電話」を徹底して接客力を上げた結果、半年後には、稼働率が「80％」に急増。

リニューアル後、わずか1年で黒字に戻しました。

「熊本銀座通」だけではありません。

「熊本水前寺」も、「西条駅前」も、**「挨拶」「掃除」「電話」の徹底によって、お客様の数を驚異的に伸ばしています。**

ホテル業界以外にも使えるサービスの極意

本書では、私の実体験を通して、経営難に陥ったホテルが「なぜ、再生できたのか」「なぜ、地域利用率で1位を獲得することができたのか」について、ご紹介しています。

川六の方針

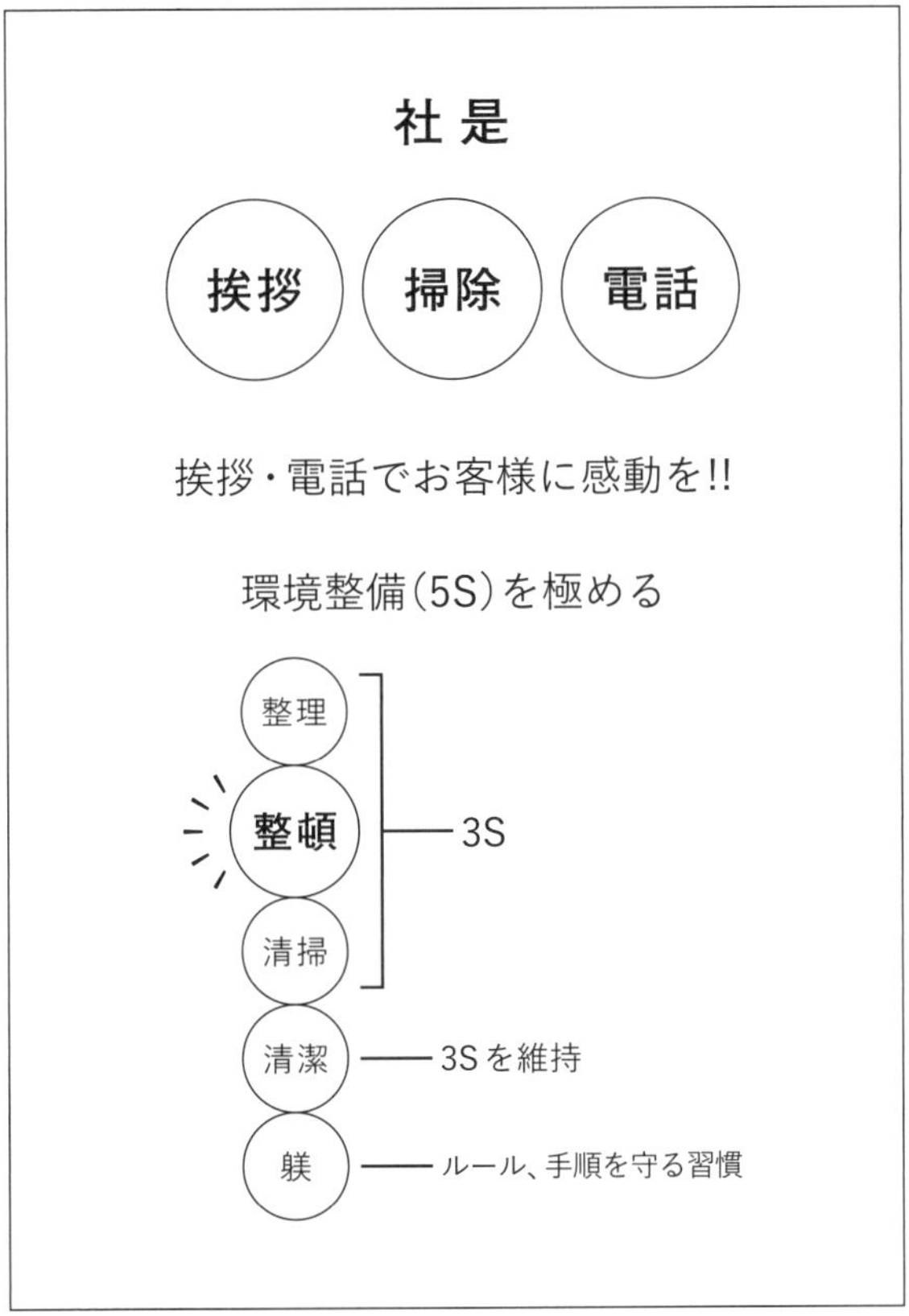

方針の徹底がホテルと、お客様と、スタッフをピカピカに輝かせるたったひとつの方法

ホテル業界以外の方にも参考になるように、

- 「お客様の声を集めるしくみ」
- 「挨拶、掃除、電話を徹底するしくみ」
- 「新規のお客様をリピーターにするしくみ」

など、サービス業全般における再現性を考慮しています。

本書が読者のみなさまの助力となれば、著者としてこれ以上の喜びはありません。

株式会社川六　代表取締役社長　宝田圭一

地域でいちばんピカピカなホテル

目次

第2章

「そうじ」でホテルがピカピカに変わる

第3章
「あいさつ」と「でんわ」で社員がピカピカに変わる

第4章

小が大に勝つ戦略

編集協力／藤吉 豊（クロロス）
本文デザイン・DTP／斎藤 充（クロロス）

序章

廃業寸前の旅館を立て直した奇策とは？

ホテル川六エルステージ高松

5億円の借金を抱えたまま、社長に就任。立て直しに選んだ策は？

現在、おかげさまで川六グループのホテルは、地域でも人気のホテルに成長しています。ですが、「旅館」から「宿泊特化型ビジネスホテル」への業態転換に失敗していたら、「株式会社川六」は間違いなく倒産していたと思います。


製薬会社に勤めていた私が川六に転職をしたのは、１９８９年です。

転職した理由は、川六が、大学の同級生だった妻の実家だったから。４代目女将である義母のもとで、仕事を一から学びました。

旅館川六は、明治10年に創業（創業１４０年）。

大正から昭和の時代には、皇族御用達の旅館として、宮家（高松宮、高円宮）の方からご宿泊の栄を賜り、また、壺井栄、吉川英治、大江健三郎、火野葦《あし》平《へい》、大島渚といった著名作家からもご愛顧をいただきました。

瀬戸大橋の開通当時は、四国に「大旅行ブーム」が到来し、毎日満館。結婚式需要や法人の宴会需要もあって、私が入社した１９８９年には、「売上15億円、社員数１２０名」の大所帯でした。

けれど、バブル崩壊や瀬戸大橋の架橋ブームが去ると、状況は一変。川六をはじめ、四国にある旅館は厳しい状況にさらされた。

私が５代目社長に就任したのは、２０００年です。

旅館時代（専務時代）の私は、恥ずかしながら、ちゃらんぽらんでした（笑）。

ある程度、勉強はしていたのですが、本を読んだら読みっぱなし。セミナーを受講すれば、勉強した気になっただけ。

ようするに、実行がともなっていなかったのです。

「勉強会」という名の飲み会や、「交流会」という名のゴルフコンペにもたくさんお金を使いました。我ながら「どアホ」だったと思います（笑）。

そんな「どアホ」な私でも、「代表取締役社長」という肩書きがついたとたん、目が覚めました。

専務のときは、「最後は社長がいるから、自分にはそれほど責任は及ばないだろう」と、どこか甘く考えていました。けれど、「代表取締役社長」になれば、すべての責任を負わなければなりません。気が引き締まりました。

このとき、川六はすでに経営難に陥り、赤字が恒常化していました。

赤字の状態で会社を引き継いだ私は、「とにかく利益を出さなければいけない」と思い、次の「2つ」のことに踏み切ったのです。

①仕入れ取引先の変更

食材などの仕入れ取引先に条件の変更をお願いしました。

今までは、古い商習慣のままで仕入れていましたが、すべての食材の相見積もりを取って最適な価格に変えたところ、「約2割」の材料費削減ができました。

②給料のカット

私の給料を半分にし、社員の給料も20％カットしました（これによって辞めていく社員もいました）。

経費を減らしたことで、なんとか黒字にできたのですが（売上6億円、経常利益6000万円）、この荒療治は、「急場しのぎ」の「短期決戦」にすぎず、根本的な解決策ではありません。

利益は出ても、内情はガタガタです。売上も、ピーク時の半分以下（15億円から6億円に）。定期昇給もままならない状況が続けば、社員は疲弊するだけです。

そこで私は、この現状から抜け出すために、いくつかのプランを考えました。

- **プランA／旅館を売却し、廃業する**
- **プランB／宿泊をやめて「宴会」に特化する**
- **プランC／ビジネスホテルに業態転換。「宿泊」に特化する**

当時、川六には「5億円」の借金がありました。銀行の試算では、旅館を売却すれば、ちょうど「5億円」くらいにはなるので、借金を相殺することができます。

融資を受けていた銀行の支店長からは、

「このまましんどい思いを続けるより、いっそのこと、やめてしまってはどうか。この旅館は500坪あるから、今売ったら、借金はチャラになる。そうすれば、誰にも迷惑をかけずに済むし、楽になれる」

と言われました。

けれど私は、元来「負けず嫌い」でしたから、人に弱みを見せたくなかった。赤字のまま廃業するという選択肢はありえませんでした。

できる自信はありませんでしたが、可能性がゼロではないかぎり、突っ走ろうと思いました。苦しくても、再建の道を選んだのです（プランAを却下）。

客室を稼働させず、川六の強みの宴会に特化することも考えました。宴会となれば、大勢のお客様がお越しになるので売上は見込めますが、川六には駐車場が足りなかった。

また、宴会は需要の予測が難しく、利益率が不安定になります。多くの人手もいるので、人件費がかかります。

最終的には、「川六の周辺には飲食店が建ち並んでいるし、私たちが飲食に特化する必要はない」と判断しました（プランBを却下）。


最後に残ったのが、プランCです。

当時38歳の私は、「全旅連（全国旅館ホテル生活衛生同業組合連合会）」の青年部に所属していました。四国代表として本部（東京）に出向し、全国から集まったビジネスホテルや旅館経営者から話を聞くうちに、「ビジネスホテルは、旅館よりも売上は低いが、利益率は数倍高い」「旅館よりも従業員の人数を必要としないし、効率的に経営できる」ことがわかったのです。

高松市内の立地も申し分ありません。

そこで私は、プランCを選択。

ビジネスホテルへの業態転換を決意したのです。

「ビジネスホテルに業態転換し、『宿泊』に特化する」と腹を決めて事業計画を設計したところ、建て直しには、「8億3000万円」の予算が必要でした。借金の5億円を加えると**「13億3000万円」**必要です。

自己資金ゼロで、担保もない。

これではどこの銀行も貸してはくれません。

ですが、毎日銀行に顔を出し、3カ月間粘りに粘って説得し、副頭取にも直談判した結果、ありがたいことに、メイン銀行中心に3行から協調融資を受けることができました。

稟議が通ったのは、「私のことを信用してくれた」「この事業計画に賛同してくれた」と同時に、100年以上、地元に貢献してきた川六に対する信用があったからだと思います。ご先祖様に深く感謝しています。

復活の決め手となった「4つ」の取り組み

「エルステージ高松」がオープンしたのは、2002年です。

銀行も目を光らせていますから、悠長《ゆうちょう》に構えているわけにはいきません。すぐに結果を出す必要がありました。

では、どうすれば稼働率を上げ、売上を伸ばすことができるのか。どうすれば川六を再建できるのか。

毎日、毎日、必死になって働き、試行錯誤を繰り返した結果、少しずつですが、私たちの施策が結果を出しはじめたのです。

【再建のために「エルステージ高松」が取り入れた施策】

①「お客様アンケート」を回収し、サービスに生かす
②経費をできるだけ削減する
③旅行代理店への依存をやめる
④「あいさつ　そうじ　でんわ」を徹底する

①「お客様アンケート」を回収し、サービスに生かす

オープン当初、お客様からアンケートをいただくと、毎月、全スタッフで読み合わせをして、「ここに書かれてある内容はどういうことか」「このお客様の声に応えるには何をすればいいか」を全員で検討しました。お客様の要望にお応えすることがサービス業の本質だと思ったからです。

現在、川六では、「お客様のご意見を一所懸命吸い上げる会社」であるために、お客様アンケートの回収に力を入れていますが、こうした取り組みは、このときからはじまっています。

②経費をできるだけ削減する

旅館時代のことですが、結婚式を行うと、1回で300万円〜400万円の売上が上がりました。

ですが、その費用の中には、衣装代や写真代なども含まれていますし、結婚式ともなれば臨時のスタッフが必要になります。売上は大きくても、出て行く経費も多額だったので、残るお金は少なかった。

そこで「エルステージ高松」では、宴会場を持たないほかに、あらゆる運営コストの削減に取り組みました。

その一例が光熱費です。電気料金は、デマンド料金制です。デマンドとは、最大需要電力のことです。電力会社と電気の需給契約を結ぶ場合、1年を通してもっとも高い電力が発生する瞬間をデマンドとして設定し、その数値が翌1年間の月々の基本料金になります。ホテルにとって、電力需要のピークは、夏場（7月、8月、9月）ですから、この時期のデマンドを強制的に下げれば、年間の経費を抑えることができます。

経費の削減には、「人件費」も含まれます。

ビジネスホテルに業態転換するにあたって、かつての人材を大幅に減らすと同時に、新しい人材を雇用して、活性化を図ろうと考えました。

私は、旅館時代に最大１２０人いた社員を、「10人」に減らしました。「どうしてオレが辞めなければいけないんだ！」と声を荒げた人も、灰皿を持ち上げて逆上した人も、私に殴りかかろうとした人もいました。無理もありません。

私にとっても、苦渋の決断です。けれど、会社を存続させるには、その選択肢しか残されていなかったのです。

私は、「新しいホテルでは、宴会はやりません。だから、料理人さんたちをうちで雇うことはできません。申し訳ありません」と、頭を下げることしかできませんでした。

現在、「エルステージ高松」の支配人を務める佐藤雅博は、旅館時代の川六を知る数少ない人物です。佐藤は、業態転換に踏み切る5年ほど前に、川六に入社してきました。

「ビジネスホテルへ転換したことで、多くの人が川六を去っていきましたが、結果的に、残る人と残らない人を線引きしたからこそ、悪い流れを引きずらないで済んだのかもしれません。私のように旅館時代を知っている人間は、『旅館のときは63室しかなくて、それでも埋まらなかったのに、今度は２９１室。大丈夫だろうか?』と不安や心配が先に立ちます。けれど、新しいメンバーには『知らない強さ』がありました。新しい人材を採用し、従業員を切り替えたからこそ、スタートダッシュが切れた気がします」(佐藤雅博)

③旅行代理店への依存をやめる

旅館時代は、旅行代理店に集客をお願いしていました。契約部屋数も決まっていて、「年間で、何部屋提供する」という契約を結んでいたのです。

私がセールスをする相手は、お客様ではなく、旅行代理店でした。旅行代理店を回り、パンフレットを見せて、「今度、こういうプランを考えたので、ぜひ、お客様に紹介してください」とセールスをしていた。

旅行代理店に支払う手数料は安くありません。どうしても宿泊料に上乗せすることになり、リーズナブルな価格でお部屋を提供することができなくなります。

それに、旅行代理店を通すと、お客様の声がホテルより先に旅行代理店に届くことがあるため、ホテルに問題点があっても、すぐに改善することができません。

そこで、旅行代理店を経由するのをやめて、お客様に直接セールスすることにしました。

当時は、今ほどインターネットが普及していなかったので、ホテル周辺のさまざまな企業を訪問して、

「川六が宿泊特化型ビジネスホテルに変わりましたので、よろしくお願いします」と、ご挨拶をさせていただきました。

こうした地道なセールスの結果、少しずつ、利用客を増やすことができた。

旅館時代に取り引きのあった旅行代理店からは、「直接やらないでほしい」「ところで、何部屋出してくれますか?」という横槍も入りましたが、「うちは今後、直販をします」と言って、すべてお断りをしました（旅行代理店の担当者から、えらい剣幕で怒鳴られたこともありました）。

インターネットが普及した現在では、川六でもネットエージェント（楽天トラベルやじゃらんなど）を利用していますが、ネットエージェントは、リアルエージェント（既存の店舗型旅行会社）に比べると手数料が安価で、お客様にご負担を強いることはありません。

また、お客様の声「口コミ」がリアルタイムで伝わるなど、スピードが圧倒的に速いため、共存共栄できると確信しています。

④「あいさつ　そうじ　でんわ」を徹底する

「エルステージ高松」のオープン当初は、私にも時間がたくさんありましたから、時間の許す限り、掃除を徹底しました。

すると不思議なことに、ホテルがピカピカになるのと比例して、そして、大きな声（元気な挨拶）が出るようになるのと比例して、売上が安定的に伸びてきました。

オープンしてから2年半後には、部屋が足りなくなるほど稼働率が上がり、「禁煙館」を増設するなど、部屋数を増やすことができたのです。

現在では「環境整備」を導入し（第2章で説明します）、館内の整理・整頓による業務改善を進めています。

「お客様アンケートの回収」「経費削減」「直販」「あいさつ、そうじ、でんわ」という4つの取り組みは、いずれも川六再建の推進力になりましたが、なかでも、

「あいさつ、そうじ、でんわ」

を徹底したことによって、ホテルもスタッフも、ピカピカに光り出しました。

旅館時代の「川六」

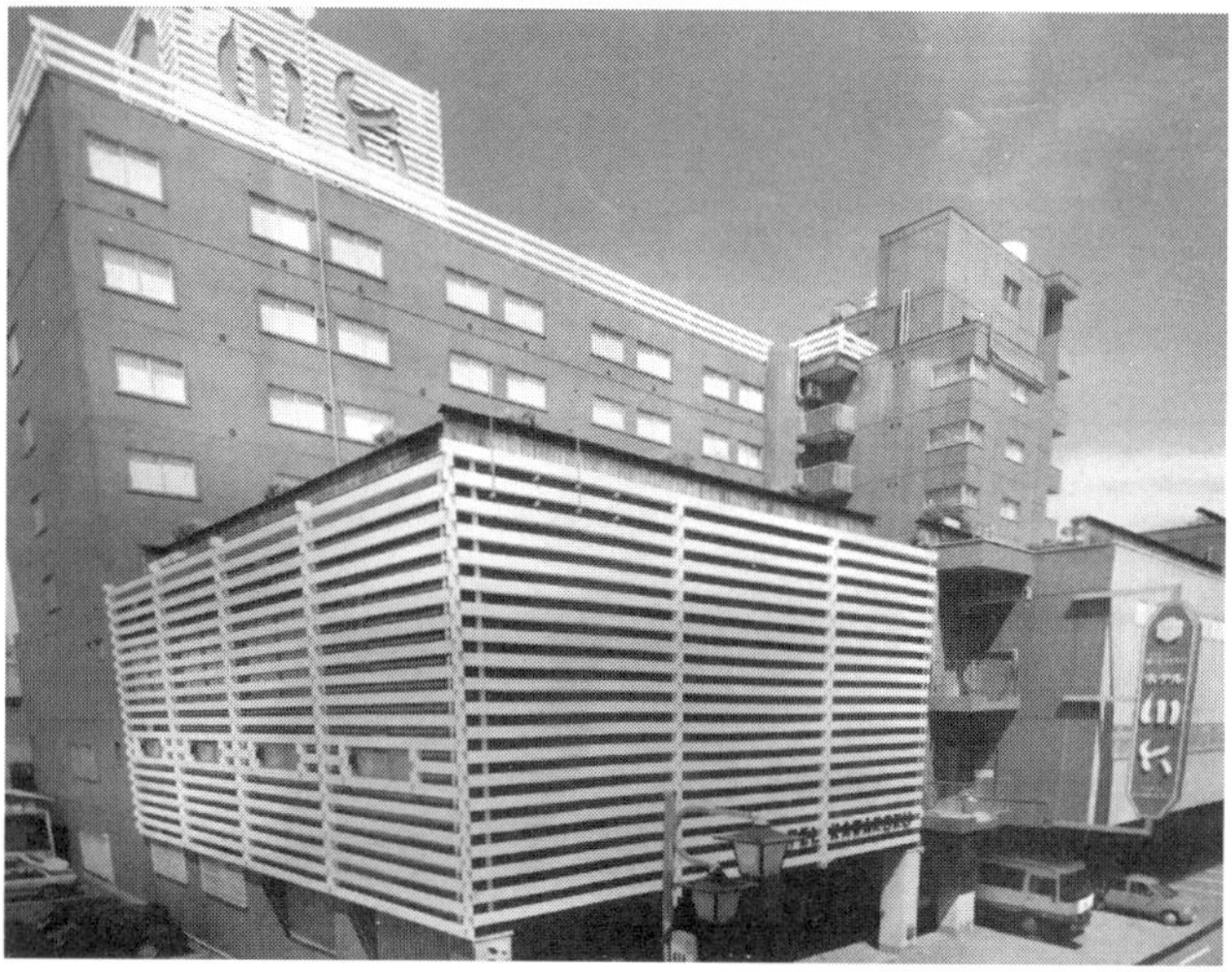

現在の「ホテル川六エルステージ高松」

川六の売上年計グラフ

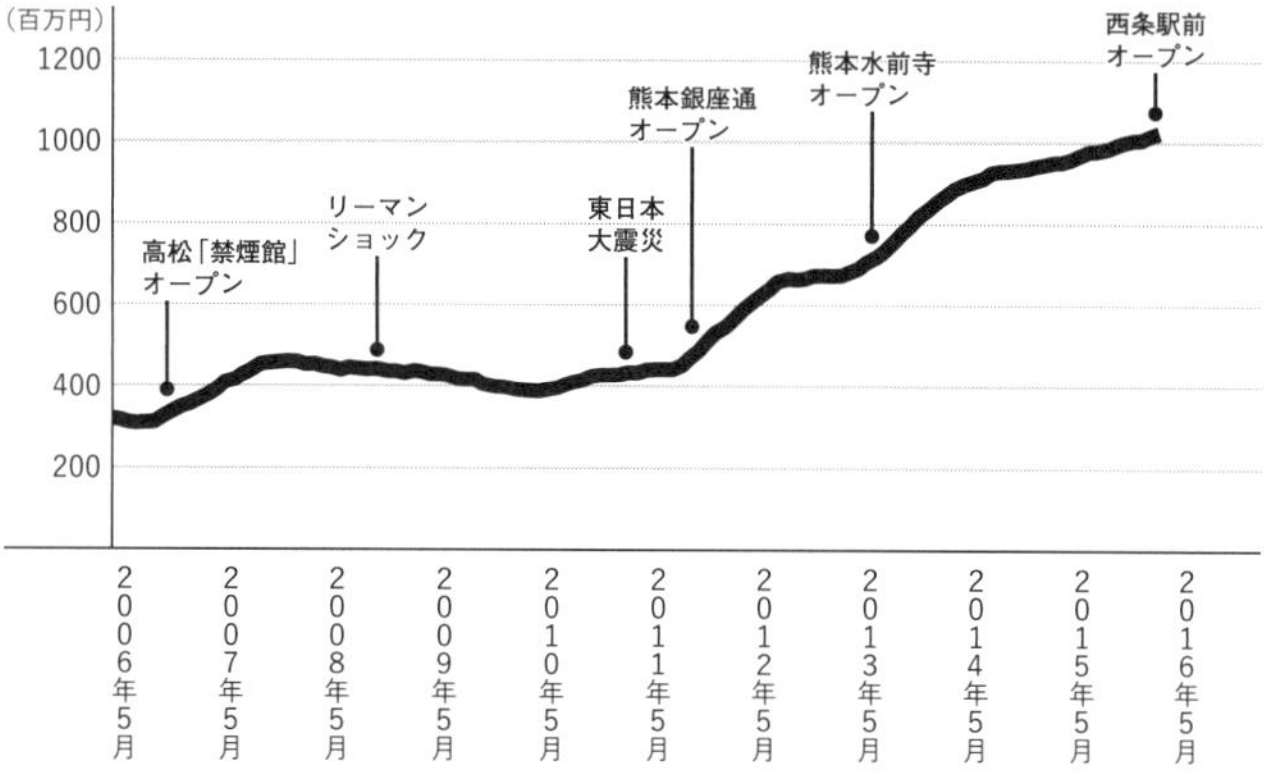

廃業寸前だった老舗旅館は、「宿泊特化型ビジネスホテル」への転換によって、再建を果たすことができました。

「エルステージ高松」の稼働率は、現在、平均90%。これは、地域の平均を圧倒しています。

川六は小さなホテルですが、それでも、「あいさつ　そうじ　でんわ」を徹底したことで、大手ホテルチェーンにも負けないホテルへと変わることができたのです。

第１章

なぜ経営不振のホテルが、ピカピカと輝き出すのか

エクストールイン熊本銀座通

ビジネスホテルは、生活必需品である

経営権のみを取得する「持たざる経営」を目指す

川六では、2002年に旅館業からビジネスホテルに業態転換して以降、「エルステージ」「エクストールイン」ブランドのビジネスホテルを展開しています。

私たちが目指しているのは、土地や建物は所有せずに、経営権のみを取得する「持たざる経営」です（土地や建物はオーナーが所有）。

既存ホテルの再生なら

①大きな投資を必要としない
②従業員を一から集めなくていい（従業員を引き継いで再教育する）
③地元ではすでに一定の知名度がある

④スピード感を持って事業展開できる

といったメリットがあります。

2017年1月オープンの「エクストールイン山陽小野田厚狭駅前」は新築ですが、このホテルも所有直営方式ではなく（川六がホテルを所有するのではなく）、川六がオーナーから土地、建物を賃借し、運営を受託する方式を取っています。

一般に「ホテル」という場合、

- **「シティホテル」**
- **「リゾートホテル」**
- **「ビジネスホテル」**

の3種類に分類されます（法律で決まっているわけではありません）。

川六が経営権を取得しているのは、「ビジネスホテル」です。

【ホテルの分類】

◎シティホテル

都市部、駅周辺、大都市の市街地に立地する総合ホテル。

複数のレストラン、宴会場、結婚式場、イベントホール、スポーツジムなどの施設を有している。客室の主力は、ツイン、ダブル以上。客室の広さは20㎡以上が主流。

◎リゾートホテル

観光地や保養地に立地するホテル。

シティホテルと同様の設備・サービスに加えて、プールや温浴設備などのレジャー関連が充実している。

利用客のほとんどは観光目的で、ファミリーが多いのも特徴的である。客室の主力は、ツイン、ダブル以上。客室の広さは20㎡以上が主流。

◎ビジネスホテル

繁華街をはじめ、利便性の高い場所に立地するホテル。

おもにビジネスマンの出張に対応していて、宴会場やレストランがない、ルームサービスを提供しないなど、設備・サービスを絞り込んでいる（小規模の宴会場やレストランを持つホテルもある）。客室の主力はシングル。客室の広さは20㎡未満が主流。

「ビジネスホテル」と一口でいっても、ホテルによって、宿泊料金やサービス内容は異なります。最近では、シティホテルとビジネスホテルの中間に位置するようなホテル（アッパークラスビジネスホテル）も多数あります。

川六が手がけるホテルは、「泊まる（寝る）」というホテルの中核的な機能にサービスを絞り込み、快適性と低価格を実現した「宿泊特化型ホテル」です。

◎宿泊特化型ホテル

利用者が必要としているサービスに絞って、的確に対応するホテル。「ゆったりと眠れる寝具」「広めの客室」「天然温泉の大浴場」といった設備、あるいは朝食の無料提供など、価格やロケーション以外にさまざまなサービスを打ち出す。ビジネスユースに限らず、女性同士、家族でのレジャーユースも取り込む。

宿泊特化型ホテルは、「日常生活」の延長にある

シティホテルやリゾートホテルは、非日常的な演出をする業態ですから、日常生活とはかけ離れた空間づくりが必要です。

ですが、宿泊特化型ホテルの場合、非日常性は必要ありません。私は、川六グループのホテルを「生活必需品」だと考えています。

必要にして十分な「設備・サービス」と、快適な「お部屋」をリーズナブルな価格でご提供する。私たちがお届けしたいのは、非日常的な感動ではなくて、「ホッとする安心感」です。

出張やお仕事でお疲れになったお客様が「日常生活の延長」としてお泊まりになるのですから、自宅にいるような感覚でくつろいでいただくことが大切です。

川六のサービス

●地元の食材を使った無料朝食バイキング

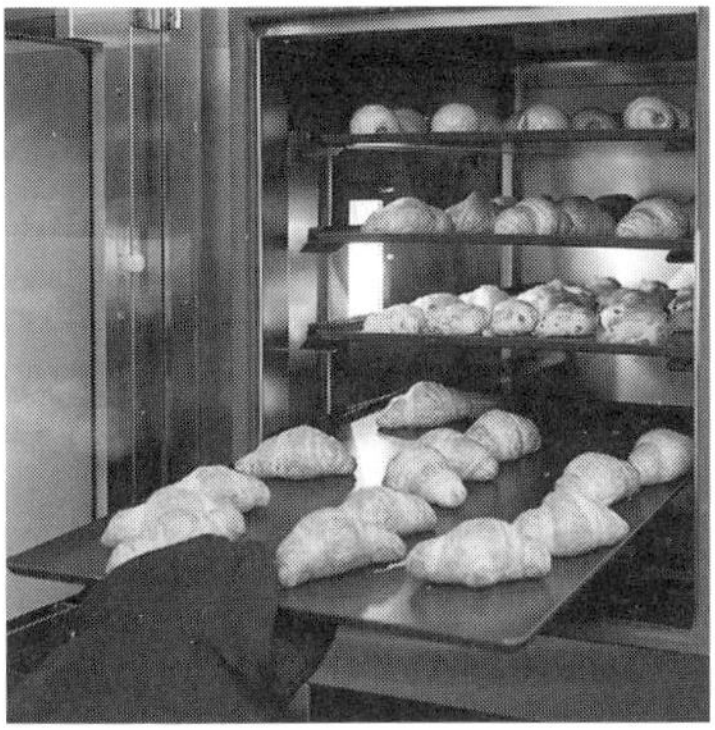

- 5種類のパンを毎日焼き立てでご用意
- ごはんも炊き立ておかわり自由
- フレッシュサラダ・ポテトサラダ
- オムレツ・ウインナー・カレー
- 和惣菜（きんぴらごぼう・ひじきなどでメニューが変わります）
- 納豆・のり・漬物・梅干・昆布
- 味噌汁
- オレンジジュース・牛乳・ヨーグルト
- コーヒー

※ホテルによってメニューが変わります。高松は一部有料

●朝食弁当サービス ※高松のみ

●癒しの湯（大浴場）

●レディースフロア

●女性限定アメニティバイキング

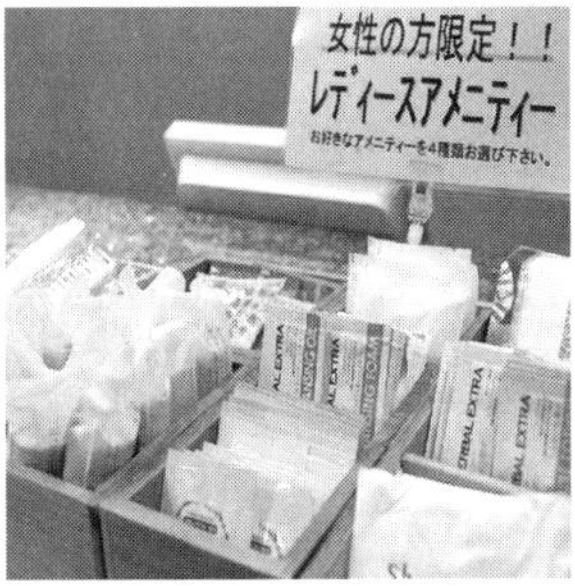

- 入浴剤（さわやかなペパーミントの香り）
- 天然ハーブの香りでアロマ効果のメイクも落とせる洗顔フォーム
- クレンジングオイル
- しっとり乳液
- 潤い化粧水
- ボディスポンジ
- あぶらとり紙
- コットンセット
- ヘアブラシ
- シャワーキャップ

●厳選素材の
羽毛布団と特注ベッド

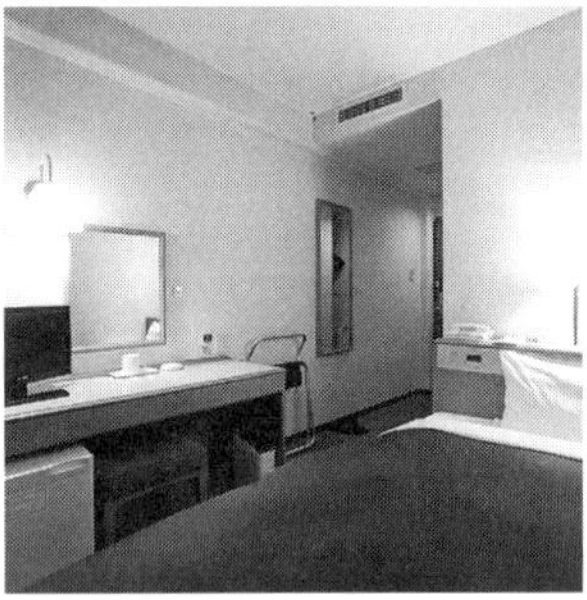

●選べる貸し出し枕

低反発、そばがら枕、抱き枕、い草枕2種類

●客室オゾン脱臭

●全室無料インターネット完備

●ウェルカムコーヒー

●無料マッサージチェア

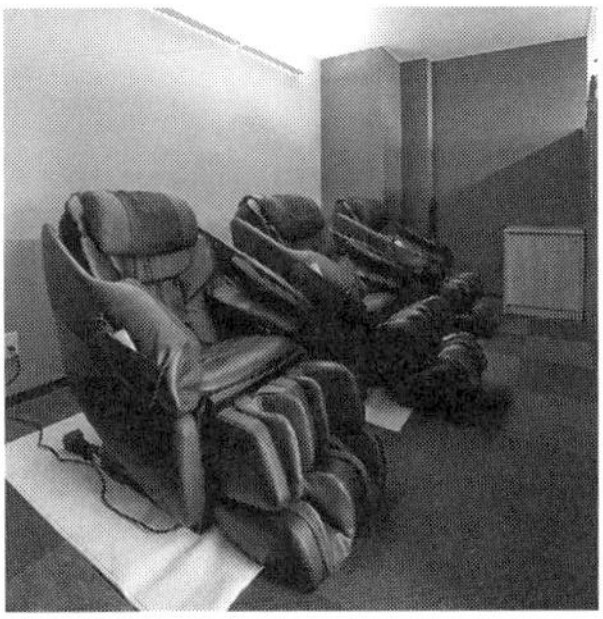

●無料貸し出し川六文庫

充実のマンガコーナー

●手づくりごはんやマップ

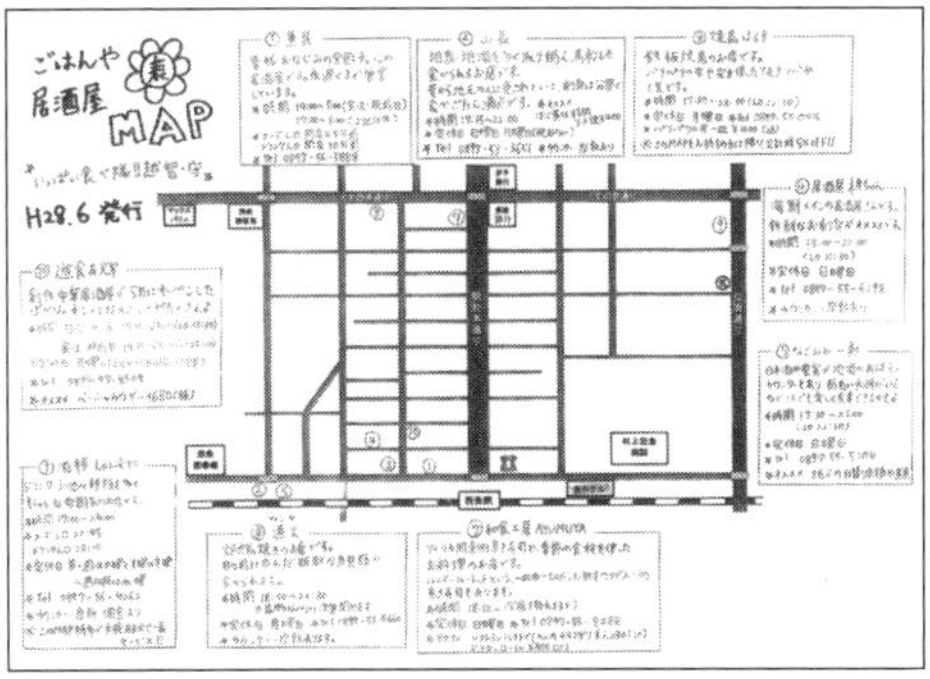

ホテルスタッフが自ら食事をしに行き、作成した近隣のお食事スポットリスト

●手づくりお散歩便利マップ

●車椅子対応エレベーター

●その他貸出備品

加湿器、毛布、裁縫セット、アイロンセット、ズボンプレッサーなど

※ホテルによって詳細は異なります

「ビジネスホテルは、誰が経営しても潰れない」は本当か？

バブル崩壊以降、ビジネスホテルの倒産が相次ぐ

かつて、「ビジネスホテルは、誰が経営しても潰れない」と言われ、さほど経営努力をしなくても、安定的に成長することができました。

たとえば、高松に某大手ホテルチェーンが進出した当初、このホテルは、多くのビジネスマンを取り込みました。

では、このとき、地元のホテルはどうしたかというと、あふれたお客様（大手ホテルに泊まれなかったお客様）を受け入れるだけでよかった。大手ホテルチェーンの下請けのような状態でも、十分に経営が成り立ったのです。

ですが、1990年代以降は、「バブル崩壊」「リーマンショック」「東日本大震災」などが逆風となって、多くのホテルが経営不振に陥りました。

バブル崩壊以降は、放漫経営による倒産が相次いでいます。

とくに、集客を旅行代理店に任せきりだったホテルや、大手ホテルチェーンの下請けに甘んじていたホテルは、難局を乗り切るだけの知恵も体力もなかったため、大きな打撃を受けました。

・バブル崩壊

バブル崩壊によって、法人需要と宴会に頼っていたホテルは苦戦を強いられました。

バブル期は、地方に利益を誘導するために、中央省庁と地方自治体の「官官接待」が慣例化されていましたが、官官接待が禁止されると、一気に宴会需要がなくなり、売上を落としました。

・リーマンショック

アメリカの大手投資銀行・証券会社「リーマンブラザーズ」の経営破綻により、世界の金融市場と経済が危機に直面。その影響は日本のホテル業界も直撃しました。

とくに、高級ホテル・旅館とビジネス利用のお客様が減少しました。国内観光需要も減少しましたが、それ以上に国内ビジネス客と海外ビジネス客の出張需要が減少したのです。

急激な景気の後退を懸念して、企業が出張回数を減らしたり、出張時の宿泊費の上限を下げたため、多くのビジネスホテルが稼働率を落としました。

・東日本大震災

震災直後は、緊急避難と見られる被災地からの宿泊需要や、本社機能を一時的に東京から移転する企業の利用が増えましたが、それ以降は、インバウンド需要や国内旅行者の予約キャンセルが相次ぎ、稼働率を落としています。

震災によって旅行の自粛ムードが広がり、被災地だけではなく、各地で旅行客が激減しました。予約のキャンセルも相次いで、経営難に陥ったホテルもあります。

川六グループが「インバウンド需要」に力を入れていない理由

インバウンドは、あくまでも「プラスアルファ」にすぎない

現在、ホテル業界は、観光自粛ムードの解消（シニア層の観光需要の増加）、景気の回復傾向などから、活況を取り戻しつつあります。

とくに、インバウンド（訪日外国人旅行者）の増加により、大都市圏のホテルはパンク寸前の状態です。

川六グループがホテルを置く香川県や熊本県でも、絶対数としては少ないながら、インバウンド需要は増えています。

高松空港でも、香港便、台北便、上海便、ソウル便が就航し、アジアとの交流は身近になっています。高松市内のホテルの中には、中国や韓国からの訪日旅行者を積極的に受け入れているホテルも見受けられます。

東京オリンピックを機に、外国人観光客が日本各地に足を延ばすことも考えられますから、インバウンド需要はますます拡大することが予想されます。

川六グループにも、アジアの旅行会社からの問い合わせがありますが、私は、インバウンドの受け入れに「消極的」です。

現在、川六グループのホテルは、インバウンドに頼らなくても、「平均稼働率85～90％」という高い水準を維持しています。

国を挙げてのインバウンド振興策が進められる前から、川六にお泊まりだった海外ビジネス客（たとえば、ＪＩＣＡ四国支部が開発途上国からの研修員を受け入れるときなど）は、これからも、川六をご利用いただきたいと思っています。しかし、それ以外のインバウンドは、「プラスアルファ」にすぎません。

川六のメインターゲットは、あくまでも「国内のビジネス客」です。

私がインバウンドに消極的な理由は、次の「2つ」からです。

①インバウンドはリピーターになりにくい

川六のビジネスモデルは、「リピーター最優先」であり、お客様とのつながりを大切にしています。インバウンドはリピーターになりにくく、しかも、インバウンド客ばかりを受け入れると、従来のお客様（国内のビジネス客）から、「川六はまったく予約が取れなくなった。これからは他のホテルを常宿に選ぼう」と、選択肢から外されてしまう危険性が高くなります。このような機会損失を避けなければなりません。

②得意分野を伸ばしたほうがサービスは安定する

インバウンドを受け入れるには、外国人向けの新しいサービスが必要になります。ですが、ターゲットが「国内客」と「海外客」に分散すれば、全体的なサービスが落ちることが考えられます。経営資源が潤沢にあれば、インバウンドの受け入れも可能ですが、現在の川六の状況を考えると、「国内客」に集中したほうが、サービスの安定化が図れます。

経営難に陥ったホテルには、共通点がある

川六が逆風に耐えられた、いちばんの理由

バブル崩壊、リーマンショック、東日本大震災といった逆風に耐えきれず、経営不振に陥ったホテルには、いくつかの共通点があります。

「客室が古く、快適性が犠牲になっている」「設備と単価のバランスが悪い」「告知やPRに消極的で新規顧客が獲得できない」「設備投資を怠っている」「後継者不足」などいくつかの要因が挙げられますが、もっとも大きな失敗要因は、旅館時代の川六がそうだったように、

「お客様の声を拾えていない」

ことにあると私は考えています。

お客様と積極的にコミュニケーションを取って、ホテルに対する要望、希望、不満といった「生の声」を拾う。そして、改善する。現在の川六が「お客様満足度向上委員会」（後述）を設けているのも、お客様からいただいた声が上質なサービスの種《たね》になるからです。リーマンショックによって、川六も売上を落としましたが、売上が半減するホテルが続出する中で、川六は、わずか「10％減」です。マイナスを最小限に留めることができたのは、お客様の声にもとづく改善を続けてきた成果だと思っています。

バックヤードは合理的に。接客は非合理的に

一般的にビジネスホテルの経営では、「少数精鋭主義による経営の効率化」が重視されます。

ですが、従業員の対人的サービスに関しては、効率化はあてはまりません。私は、「お客様に見える部分は非効率に、見えない部分は効率的に」

「実務の時間は短く、接客の時間は長く」

と考えています。

ビジネスホテルに業態転換をしても、川六はもともと、明治時代から続く「旅館のDNA」を持っています。

旅館の「おもてなし」の心を機能的なビジネスホテルの中で実現できれば、付加価値を高めることができる。そこで川六では、バックヤードはデジタル化（合理化）を進めながらも、お客様には徹底したアナログ対応による接客をしています。

川六は、同規模のビジネスホテルに比べて、スタッフの人数を多くしています。人数を多くしているのは、接客に厚みを持たせるためです。

「エルステージ高松」では、お車でお越しのお客様のために、「車の誘導係」を置いています。ホテルの駐車場は16台分のスペースしかないため、満車だった場合は、他の契約駐車場をご利用いただくことなります。「誘導係」はその際のご案内などをする専任スタッフです。「誘導係」を設置したのも、お客様の声をいただいたからです。以前は、フロント係が駐車場のご案内をしていました。ですがそれでは、お客様にご不便をかけることになります。

お客様は路上に車を止めて、フロントに顔を出し、駐車場の場所を教えてもらい、また車に乗り込んで、駐車場を探す。ホテルの周辺は一方通行が多いので、迷うこともある。そうした煩わしさを解消するために、あらかじめ「誘導係」をホテル前に配置することにしました。その結果、駐車場の出入庫がスムーズになりました。

現状の人数よりも1割程度少なくしても、ホテルを回すことはできるでしょう。ですが、人数を減らすと、接客の質が下がってしまい、旅館のおもてなしをご提供することができません。

「できること」と「できないこと」を周知する

川六の持ち味は、「旅館のＤＮＡ」を受け継ぐおもてなしにあります。ですから、お客様のご要望には、できるだけお応えしようと、サービスの改善を続けています。

一方で、私たちには「できないこと」もあります。

川六グループのホテルは、「生活必需品」です。限定されたサービスを最大限に提供するホテルであり、だからこそ、「リーズナブルな価格」と、「必要にして十分なサービス」を実現しています。

あるとき、いつもは某シティホテルに宿泊されているお客様が「エルステージ高松」にお越しになったことがありました。

チェックインを済ませたあとで、そのお客様から「荷物を部屋に運んでほしい」「ルームサービスをしてほしい」というご要望をいただきました。私たちに、シティホテルと同等のサービスを求められたのです。

ですが、丁重にお断りをさせていただきました。

川六では、お年寄り、妊婦、身体が不自由な方、乳幼児連れのお客様に対しては積極的に手をお貸ししますが、それ以外のお客様に対して、コンシェルジュのようなサービスを提供していません。それをすると、宿泊特化型ホテルとしての「リーズナブルな価格」を維持できないからです。

私たちには、リゾートホテルのような「贅沢なサービス」を提供することはできません。お客様から過剰なサービスを要求された場合は、「できません」とお断りするようにしています（お断りしたことでお客様からお叱りをいただいた場合は、社長の私か支配人がお客様に事情をご説明します）。

「できないこと」「やらないこと」を決めておけば、目的が明確になって、「やるべきこと」が自然に導き出されるようになります。

ただし、スタッフが「お客様の言うことを聞いていいのか、いけないのか」「できないと言っていいのか、言ってはいけないのか」迷ってしまうケースもあるので、社長が「できること、できないこと」の指針を打ち出しておく必要があるでしょう。

「お客様の声」を集めた分だけホテルは輝きを増す

お客様の声を集める「3つ」のしくみ

お客様の声こそ、「潰れないホテル」「強いホテル」を育てる源泉です。

お客様の声が増えれば、それだけ私たちの打つ手も増えるわけですから、川六では「お客様の声を聞くしくみ」をつくって、社員に徹底しています。

川六では、「お客様満足度向上委員会」を設置し、お客様から寄せられた声を改善に役立てています。

リピーターを増やすには、お客様の声を集め、分析し、「現状よりももっと良くして、もっとご満足いただくためにはどうしたらいいか」を考えることが大切です。

【お客様の声を聞く3つのしくみ】

①お客様アンケート
②改善シート
③ヒヤリング

①お客様アンケート

お客様アンケートは旅館時代からありましたが、当時は、旅行会社に集客をお願いしていたため、お客様にご記入いただいたアンケートは、「一度、旅行代理店に届く」しくみになっていました。

アンケートが私どもの手元に届くのは、数カ月先になることもある。これでは、改善のスピードが損なわれてしまいます。

現在は、アンケートを直接回収して、お客様の声をダイレクトに集めています。

とはいえ、アンケート用紙をフロントやホテルの客室に備えておくだけでは、書いていただけません。

そこで、川六では、チェックイン時に、

「アンケートにご協力ください」

と笑顔でお願いしています。

アンケートの回収率を高めるために、「ご記入いただいた方にキャンディーを差し上げる」など、さまざまな方法を試してみたのですが、最終的に行き着いた方法が「笑顔のお願い」でした（笑）。

お願いのしかたとアンケートの回収率は比例していて、お願いのしかたが丁寧なスタッフほど、アンケートの回収率が高くなっています。

また、「回収した枚数」を人事評価にひも付けていて、年間を通してたくさんのアンケートを回収した社員は、評価に加点をしています（昇給の目安にしています）。

「アンケートを多く回収できれば、昇給できるかもしれない」と思えば、「お金がほしい」という不純な動機で（笑）、スタッフも積極的にアンケートを回収しはじめます。

お客様アンケートは直接回収する

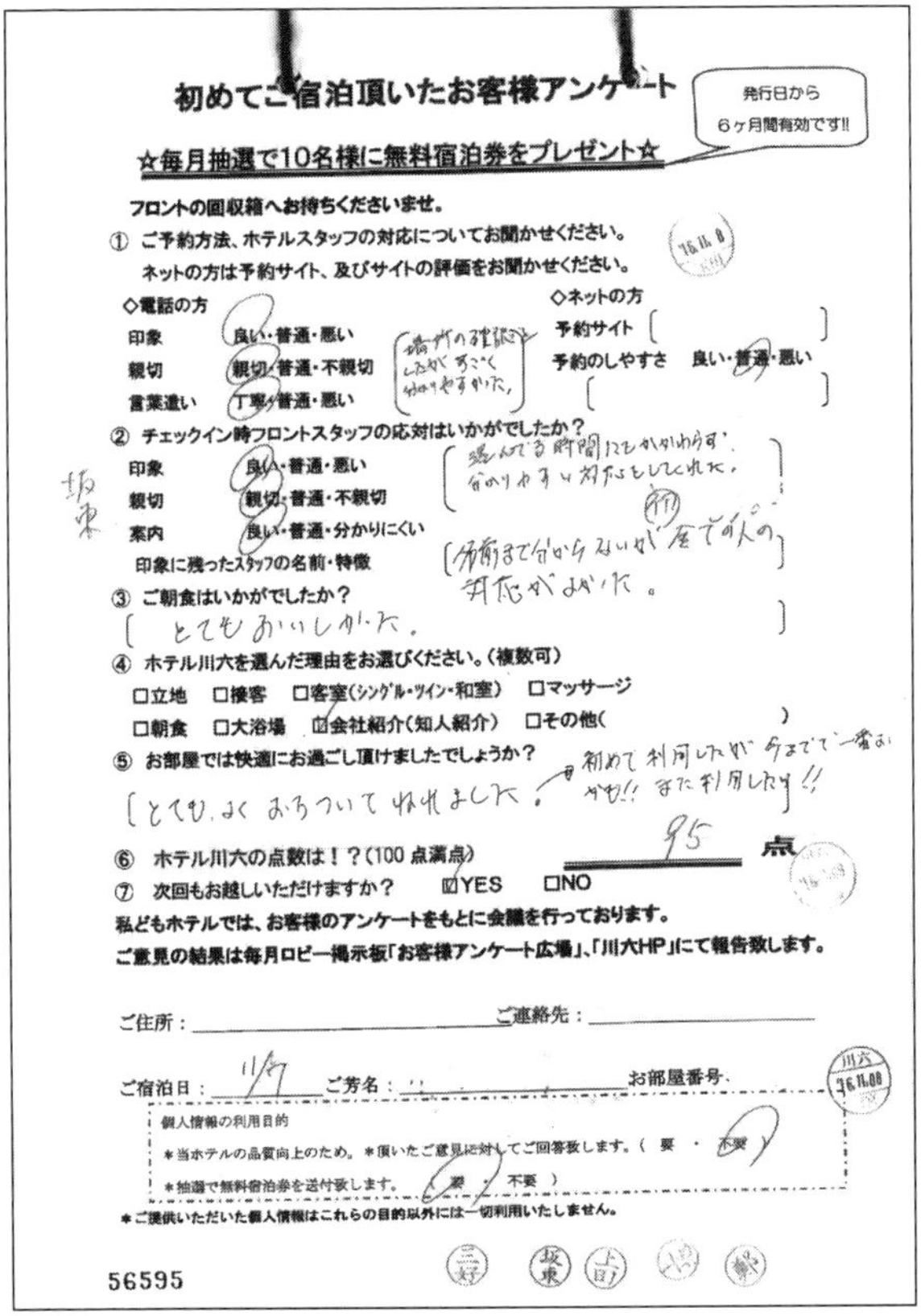

初めてご宿泊頂いたお客様アンケート

発行日から6ヶ月間有効です!!

☆毎月抽選で10名様に無料宿泊券をプレゼント☆

フロントの回収箱へお持ちくださいませ。

① ご予約方法、ホテルスタッフの対応についてお聞かせください。
ネットの方は予約サイト、及びサイトの評価をお聞かせください。

◇電話の方
印象　良い・普通・悪い
親切　親切・普通・不親切
言葉遣い　丁寧・普通・悪い
〔場所の確認をしたがすごく分かりやすかった。〕

◇ネットの方
予約サイト〔　　〕
予約のしやすさ　良い・普通・悪い
〔　　〕

② チェックイン時フロントスタッフの応対はいかがでしたか？
印象　良い・普通・悪い
親切　親切・普通・不親切
案内　良い・普通・分かりにくい
〔混んでる時間にもかかわらず、分かりやすい対応をしてくれた。〕
印象に残ったスタッフの名前・特徴
〔名前まで分からないが全ての人の対応がよかった。〕

③ ご朝食はいかがでしたか？
〔とてもおいしかった。〕

④ ホテル川六を選んだ理由をお選びください。（複数可）
□立地　□接客　□客室（シングル・ツイン・和室）　□マッサージ
□朝食　□大浴場　☑会社紹介（知人紹介）　□その他（　　）

⑤ お部屋では快適にお過ごし頂けましたでしょうか？
〔とても、よくおちついてねれました。初めて利用したが今までで一番よいかも!! また利用します!!〕

⑥ ホテル川六の点数は！？（100点満点）　95点

⑦ 次回もお越しいただけますか？　☑YES　□NO

私どもホテルでは、お客様のアンケートをもとに会議を行っております。
ご意見の結果は毎月ロビー掲示板「お客様アンケート広場」、「川六HP」にて報告致します。

ご住所：　　ご連絡先：
ご宿泊日：11/7　ご芳名：　　お部屋番号

個人情報の利用目的
＊当ホテルの品質向上のため。＊頂いたご意見に対してご回答致します。（要・不要）
＊抽選で無料宿泊券を送付致します。（要・不要）
＊ご提供いただいた個人情報はこれらの目的以外には一切利用いたしません。

56595

回収率を高くする方法は「笑顔でお願いすること」

お客様の真実は現場にしかありません。今後、お客様に対してどのように対応していくかを考えるために、私は、毎月各ホテルから集められた１３００枚のアンケートを、「２回」は読むようにしています。

②改善シート

全スタッフに、「こうしたら、もっとお客様に喜ばれるのではないか」（お客様満足につながる改善）、「こうしたら、もっとバックヤードの効率化が図れるのではないか」（従業員満足につながる改善）に関する業務改善提案を義務付けています（月に1枚がノルマ）。

提案された内容は、定例の「改善会議」にて精査・決裁していますが、スピードが求められる事案に関しては、私が即決しています。

たとえば、「エクストールイン熊本銀座通」では、夏限定の「かき氷サービス」がご好評をいただいています。このサービスは、スタッフからの提案です（かき氷機とシロップをご用意しておき、お客様ご自身でかき氷を楽しめるサービス）。

改善提案はオンラインで即決裁

改善メモ					28 年 10 月 6日	
（社員・お客様）FAXの案内を変える					氏名	坂東 昭彦
改善前（問題点）			改善後（対策）			
FAXを使うお客様からよく聞かれることが ・操作手順がよくわからない ・精算方法がわからない ・文章面を上にして送る などがあります。全て記載していますが案内が小さいのだと思います。			要点のみの文章にまとめ 注意点を赤色を使ってもっとわかりやすくする。			
（絵や図を簡単に） 以前のものではお客様に伝わりにくかったので、新しいものに変えます。 案を下に載せています。						
効果 分りやすくし、お客様の手間もフロントが再度案内する手間も解消する。						
社長のコメント						
検討日付	即決案	検討案	検討案採用	不採用案	実行日付	実行者
/					/	

インターネット上で確認・決定できるので
実行のスピードが違う

また、大浴場に「冷たい麦茶」をご用意しているのも、「お風呂上がりには喉が渇くのではないか」というスタッフからの提案です。

2002年に「エルステージ高松」がオープンした当初は、目安箱を設置して、スタッフからの改善提案を受け付けていました。そして、月に一度、私が箱を開けて、それから検討に入り、決裁をしていた。ですがこれでは、時間を要します（最大1カ月間放置）。

そこで現在は、改善提案を「エバーノート」（インターネットを利用した情報保管サービス。情報の共有ができる）に保存しています。お客様の声を聞いたり、改善提案を思いついたスタッフは、すぐにエバーノートに情報をアップする。そうすれば、私が出張先でも、その場で即決裁できます。

「エクストールイン山陽小野田厚狭駅前」のフロントにあらたに着任する、山口由紀は、「熊本銀座通」で、旧ホテルが川六に変わったとたん、稼働率が急上昇していく様子を目の当たりにしています。

山口は、もともと、前向きに、ひたむきに仕事に取り組む性格でしたが、旧ホテル時代は、「『こんなことをやってみたい』と上に伝えても、どうせ認めてはもらえないだろう」とあきらめていたと言います。

ですから、「改善提案」ができる環境に身を置けるようになったことが、彼女のモチベーションを高めました。

川六では、前述したように「エバーノート」に改善提案をアップするしくみを導入していますが、山口は、「どんな提案が上がっているのか気になるので、時間さえあれば、エバーノートを見ている」と話しています。

山口は、「熊本銀座通」でも、もっとも多い改善提案を提出したことがあります。川六では、「毎月1枚」が最低の目標ですが、山口は、「月に10枚」もの改善案を提出した。

それだけの改善提案ができるのは、常にまわりを気にして、「どうすればお客様に喜んでいただけるか」「どうすればスタッフの仕事がより効率的になるか」を考えているからです。

「改善提案を上げたあと、社長から『即決』の返事がくると、ものすごく嬉しいです。月に1枚は必ず出さなければいけないので、常にアンテナを張って、『改善につながるものはないか』を探しています。お客様の行動を見たり、意見をうかがったりしながら、改善策を考えていますね」（山口由紀）

③ヒヤリング

ヒヤリングとは、「お客様から直接、生の声を聞く」ことです。「月に1名以上」を義務付けています。

お客様にお時間をいただき、「ご満足されていますか？」「快適に過ごされていますか？」「何か気になる点はありませんか？」「朝食は召し上がっていただけましたか？」と、お客様に質問を投げかけます。こうすることで、お客様の本音をうかがうことができます。

また、ヒヤリングを行うと、お互いの親密度が増すため、「スタッフがお客様に顔を覚えていただける」（スタッフがお客様の顔を忘れなくなる）というメリットもあります。

お客様の声をホームページで公開する

ヒヤリングの内容をヒントにしてサービスを向上できれば、お客様も「自分の意見が採用されて、嬉しい」「サービスが良くなって、嬉しい」と感じ、当ホテルのファンになってくださいます。

ヒヤリングをはじめた当初は、お客様に声をかけられないスタッフもいました。そこで、お客様アンケートと同じように人事評価と連動させ、「月にゼロ人の場合は査定を下げる」ように決めたところ、全スタッフから「月に1名以上」のヒヤリング結果が集まりました。

ヒヤリングの内容は、随時、エバーノートにアップする決まりで、全スタッフがすぐに情報を共有することができます。

その後、月次の会議の中に「ヒヤリングの時間」を設けて、「どのような報告が、何件集まったか」「すぐに実行できるものはどれか」「ホテルの強みをさらに強化するために、必要な声はどれか」「全ホテルで横展開できる改善は何か」といったことを話し合います（議事録も、エバーノートにて共有）。

お客様のクレームも公開する

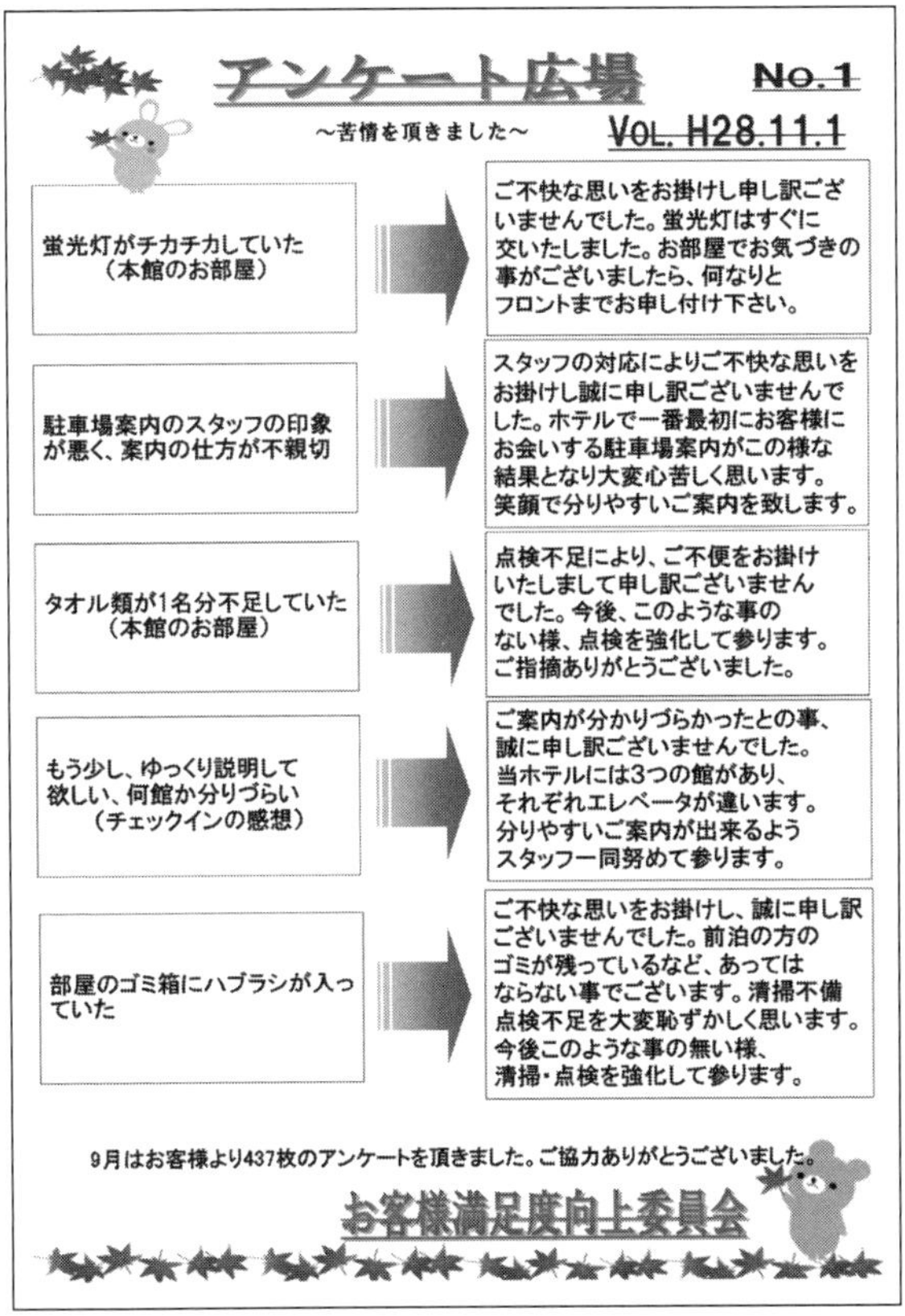

アンケート広場　No.1

～苦情を頂きました～　VoL. H28.11.1

蛍光灯がチカチカしていた（本館のお部屋）	ご不快な思いをお掛けし申し訳ございませんでした。蛍光灯はすぐに交いたしました。お部屋でお気づきの事がございましたら、何なりとフロントまでお申し付け下さい。
駐車場案内のスタッフの印象が悪く、案内の仕方が不親切	スタッフの対応によりご不快な思いをお掛けし誠に申し訳ございませんでした。ホテルで一番最初にお客様にお会いする駐車場案内がこの様な結果となり大変心苦しく思います。笑顔で分りやすいご案内を致します。
タオル類が1名分不足していた（本館のお部屋）	点検不足により、ご不便をお掛けいたしまして申し訳ございませんでした。今後、このような事のない様、点検を強化して参ります。ご指摘ありがとうございました。
もう少し、ゆっくり説明して欲しい、何館か分りづらい（チェックインの感想）	ご案内が分かりづらかったとの事、誠に申し訳ございませんでした。当ホテルには3つの館があり、それぞれエレベータが違います。分りやすいご案内が出来るようスタッフ一同努めて参ります。
部屋のゴミ箱にハブラシが入っていた	ご不快な思いをお掛けし、誠に申し訳ございませんでした。前泊の方のゴミが残っているなど、あってはならない事でございます。清掃不備点検不足を大変恥ずかしく思います。今後このような事の無い様、清掃・点検を強化して参ります。

9月はお客様より437枚のアンケートを頂きました。ご協力ありがとうございました。

お客様満足度向上委員会

ホテル内で掲示。
改善の取り組みを見ていただく

お客様からいただく声が、スタッフにやる気を起こさせる

お客様の声が、スタッフを再生させる

ホテルを再生するとき、私たちは「前のホテルから従業員を引き継ぐ」ことを基本にしていますが、彼らの中には、旧ホテル時代の苦い経験が残っているため、自信ややる気を失っていることがあります。

そんな彼らを大きく変えるきっかけが、「お客様からいただく声」です。

お客様からいただくお褒めの言葉が増えるほど、彼らの自信も大きくなっていきます。

「エクストールイン西条駅前」の再建に尽力した山口郁生（部長）は、「お客様からいただく『ありがとう』の言葉が、スタッフを変えた」と実感しています。

「私は、『エクストールイン西条駅前』がオープンする1カ月半くらい前に現地入りしました。私が熊本から派遣された当初、旧ホテル（西条国際ホテル）のメンバーは、社長や私の顔色ばかりうかがっていた気がします。本来、ホテルの評価というものは、お客様からいただくものです。それなのに彼らは、『社長にどう思われるか』に気をとられていました。お客様に向けなければいけない目線が、社長や幹部に向けられていたんです。それでも、掃除と、挨拶と、電話を徹底していくうちに、彼らの気持ちが少しずつ変わりはじめました。お客様から『ありがとう』と言われるようになったからです。

西条国際ホテルのころは、『お客様に喜ばれると、嬉しい』体験がなかったと思います。実際、目に見えてお客様からいただくアンケートの量（お褒めの量）も増えていますね」

（山口郁生）

もっとお客様に喜んでもらいたい。「西条駅前」のスタッフはそう考えるようになり、現在は、積極的に改善提案を出しています。

「旧ホテル時代にも、『お客様のために、こんなことをしてみたい』という思いはあったはずなんです。けれど、それを口にしたところで、『お金がかかるから』とか、『やっても無駄だから』という理由で採用してもらえなかったのでしょう。

でも、川六は違います。『やりたいことがあるなら、なんでやらないの？　遠慮しなくていいから、やりたいことがあったらどんどん言って』とスタッフをあおります（笑）。そして、改善提案が提出されると『はい、オッケー。今すぐやりなさい』と即決です（笑）。やってみる。すると、お客様に喜ばれる。喜んでいただけるのが嬉しくて、『もっと、もっと、もっとやりたい』と思う。お客様の喜ぶ声が、西条駅前のスタッフを変えたのだと思います」（山口郁生）

業態転換をしてからの14年間で、もっとも大きく変わったこと

現在、「エルステージ高松」の副支配人を務める四宮公司は、今から約14年前、「エルステージ高松」のオープニングスタッフとして採用した人物です。

四宮は、オープン時と現在の「エルステージ高松」を比較して、「14年間でもっとも大きな変わったのは、お客様からいただく喜びの声が増えたこと」だと述べています。

「この数年で、お客様からいただくお褒めの言葉が一気に増えて、非常に嬉しく思います。オープン当初は、お客様アンケートが数枚戻ってくるだけでしたから、全員ですべてのアンケートの読み合わせをしても、たいして時間はかかりませんでした（笑）。今は予約サイトのレビューや口コミでもたくさんの高評価をいただけるようになりました。もちろん、お叱りの言葉もいただきます。

私たちは地域でいちばんのホテルを目指しています。とはいえ、主体はあくまでもお客様ですから、お客様に私たちのホテルを選んでいただかなければいけません。そのためにも、お褒めの言葉も、お叱りの言葉もすべて現場確認して、改善に役立てています。お客様が喜んでくださると、私たちも嬉しい。嬉しいから、もっと喜んでもらいたくなる。そうやって、お客様とホテルが喜び合う関係をつくることが理想です」（四宮公司）

第2章

「そうじ」でホテルがピカピカに変わる

エクストールイン熊本水前寺

【掃除】掃除は、お客様に感動を与える「魔法のツール」

客室を丸ごと大掃除して、快適性を保つ

「エルステージ高松」がオープンしたばかりのころは、お客様の数が少なかったので、私にも時間に余裕がありました。

そこで私は、時間を無駄にしないよう、「ホテルの掃除」をすることにしました。

すると、ホテルの床が鏡のように天井のライトを反射して、ピカピカ輝いて見えたのです。それ以来、川六では、「掃除」に注力をしています。

お客様が快適にお過ごしいただけるよう、毎日の通常清掃のほかに、定期的に客室をまるごと大掃除しています。

「就業前の30分間の掃除」が社員の心を変えた

私は、山口郁生を「エクストールイン西条駅前」に向かわせてオープンの準備をさせたのですが、山口が最初に取り組んだのが、「掃除」でした。

「オープンは3月1日でしたが、2月の上旬くらいから、徹底して掃除をはじめました。高松では、『毎朝30分間の掃除』が徹底していたので、西条駅前でも毎朝の掃除を習慣づける必要があったんです」（山口郁生）

けれど山口は、あえて掃除を強制しなかったそうです。

「『今から掃除をします！』とは、言わなかったですね。時間になったら私ひとりでも黙って掃除をはじめました。私がやらせるのではなく、自発的にやってほしかったからです。ロビーにコーヒーのシミを見つけたら拭き取る。ランドリーは毎日掃除をする。そんなことを続けているうちに、やがてスタッフも真似しはじめて、一緒に掃除をするようになりました。パートの方から『支配人さんがそんなことをしなくてもいいから、もう座っていてください。それは私らの仕事ですから』と言われたこともあります。

私はその場所を離れて、今度は違う場所を掃除します。すると、『あ、あそこも掃除をしなくてはいけないのか』と気づけるようになって、掃除をする範囲がどんどん広がっていったんです」（山口郁生）

旧ホテル時代も、スタッフは、「掃除をしたほうがいい」「ホテルはキレイなほうがいい」と思っていたはずです。

けれど、「みんながしないから、自分もしなかった」といいます。

「エクストールイン西条駅前」のスタッフが掃除をはじめたのは、山口の姿を見たからです。上に立つ社員が自ら率先して汗をかく。

その姿勢が社員の心を変えたのだと思います。

「ホテルが汚れているときは、『あそこも汚れているし、そこも汚れているし、全部汚れているから、もういいや』とあきらめてしまいますが、ひとたびホテルがピカピカになると、今度は『汚したくない』と思うようになります。『どこが汚れているのか』もひと目でわかるので、汚れがひどくなる前にキレイにするようになります。頭で考えなくても体が勝手に掃除をする感じですね（笑）。

ピカピカに輝いた床を見て、お客様から『すごいね』とお褒めの言葉をいただいたときは、『掃除をやっていて、よかった』と思う瞬間です。掃除は、それだけでお客様に感動を与えることができる『魔法のツール』だと思います」（山口郁生）

掃除のしかたに、その人の人生があらわれる

「エクストールイン西条駅前」の現在の支配人、須藤史郎は、かつて「熊本銀座通」にいたとき、「経営が川六に変わっていちばん驚いたのは、掃除への取り組みだった」と話しています。

「宝田社長が来る前の『熊本銀座通』は、お恥ずかしい話、よほどひどく汚れているときしか掃除をしなかったんです。ところが、川六が経営をするようになってからは、毎朝30分間、掃除をしなければいけません。でも、やってみると、嫌ではありませんでした。自分が磨いているところがキレイになっていくのは、思っていた以上に嬉しいし、楽しいからです。私以外のスタッフも同じ気持ちだったようで、言われなくても率先して掃除をするようになりました。

そして、不思議なことに、掃除をするようになってから、稼働率がどんどん良くなっていったんです」（須藤史郎）

「エクストールイン熊本銀座通」は２０１１年8月にリニューアルオープンしましたが、私たちが経営に参画する前、旧ホテルの稼働率は、「25％」にまで落ち込んでいました。

１８３室のうち、45、46部屋しか埋まっていない計算です。１４０部屋近くが空室になっていました。

掃除は支配人、社員、パート全員で行う

トイレもピカピカに

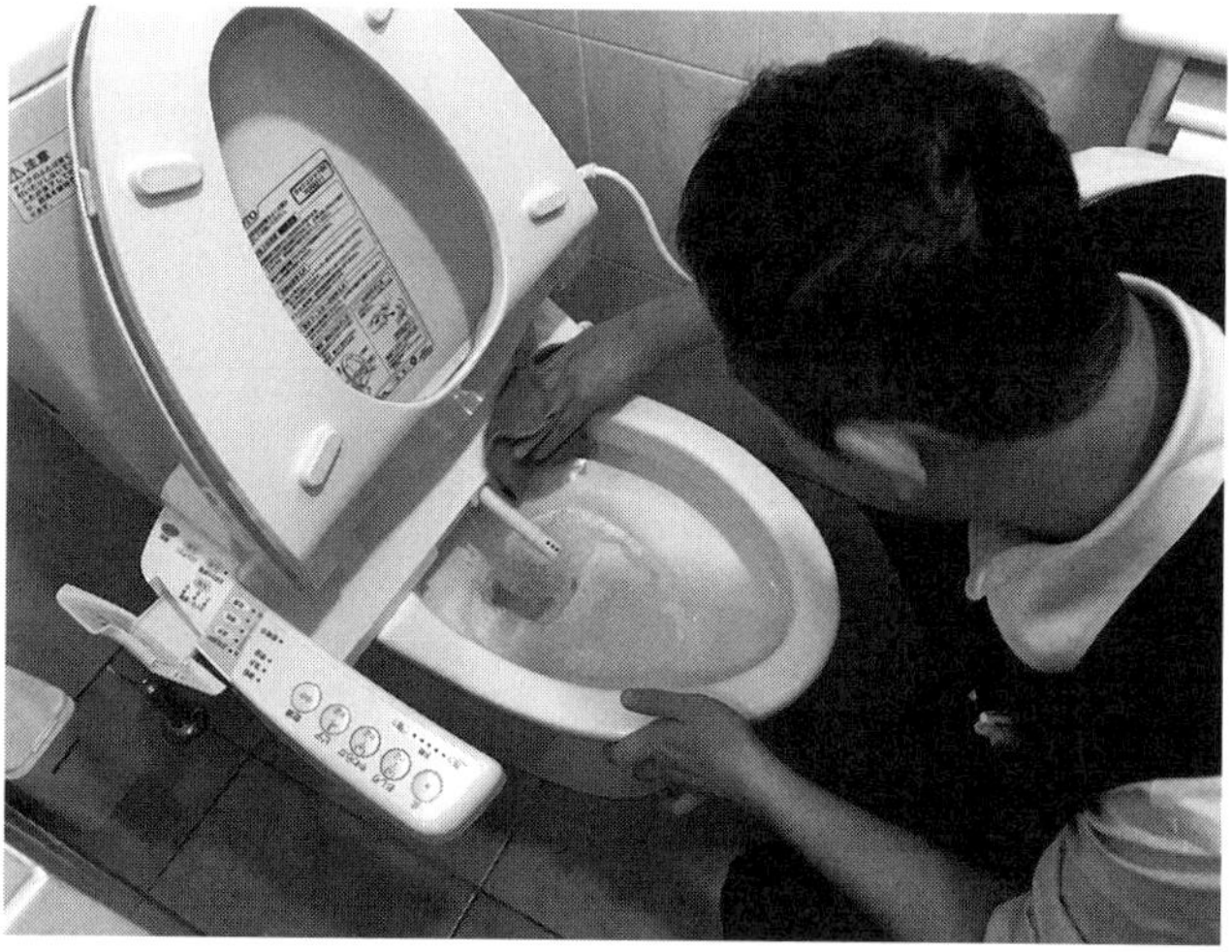

1年に1回、ホテルをまるごと掃除

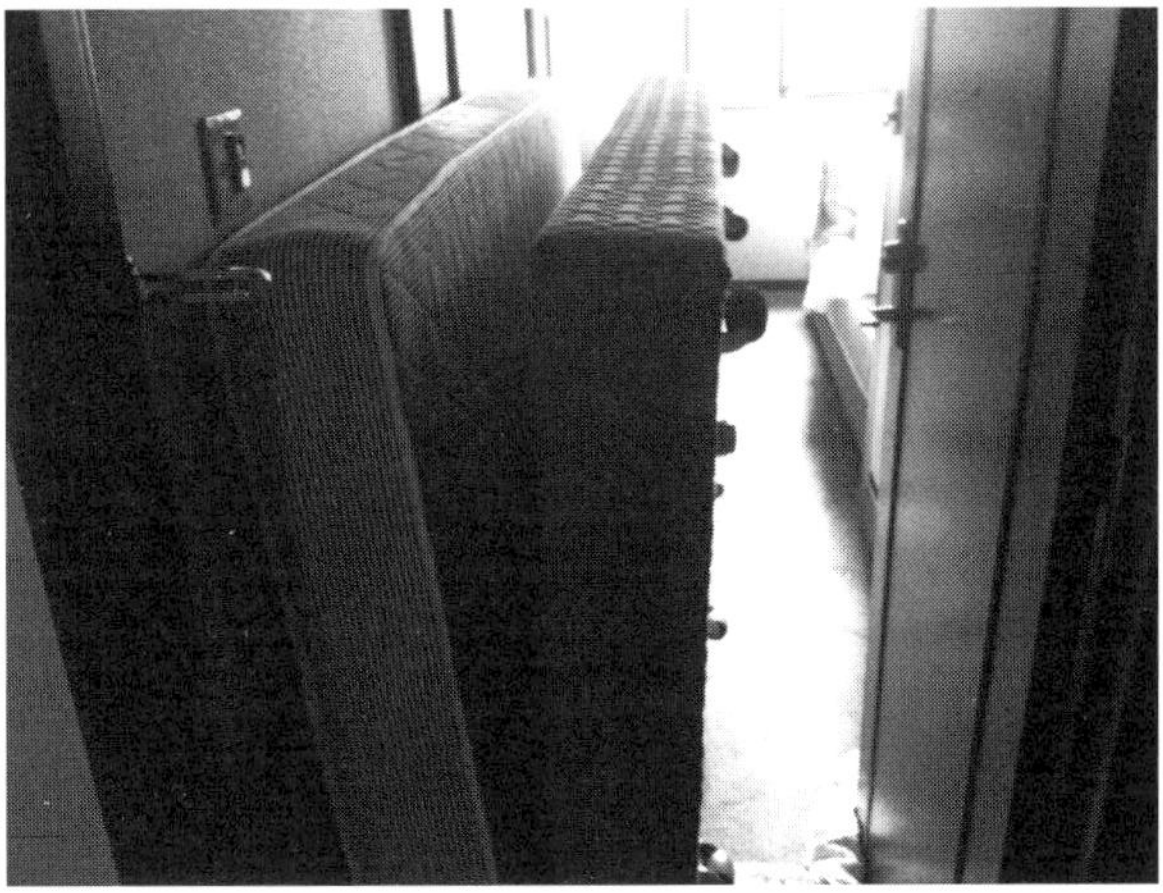

「リニューアルオープンは8月1日で、その月の稼働率は38％、9月には50％を超えました。稼働率が上がった理由はいくつかあると思いますが、もっとも貢献したのは、掃除だと思います。宝田社長は、『掃除のしかたを見れば、仕事に対する取り組み方がわかる』と言いますが、私もその意味がわかるようになってきました。少し大げさな表現かもしれませんが、掃除は、『自分の人生をすべてひっくるめた作業』だと感じています」（須藤史郎）

【掃除】「環境整備」を導入して、整理・整頓を徹底する

環境整備とは、仕事をやりやすくする環境を整えること

現在、川六では、「株式会社武蔵野」の指導を受けて、「**環境整備**」という取り組みを導入しています。武蔵野は、ダスキン事業を基盤とし、中小企業の経営サポート事業を行っています。武蔵野を率いるのは、小山昇社長です。

小山昇社長は、「落ちこぼれ集団」と言われた武蔵野を改革し、14年連続増収増益の超優良企業に育て上げた辣腕経営者です。

環境整備とは、ホテルの整理・整頓・清潔を徹底することです。

毎朝30分間、全スタッフが環境整備に時間を割くのが川六の決まりです。

窓を拭く、床を磨く、トイレ掃除をするなど「誰が、どこの掃除をするか」は、作業表によって決められています。

環境整備は、一見すると「掃除」と同じように見えますが、掃除はあくまでも手段であって、目的ではありません。掃除と環境整備は、似て非なるものです。

では、環境整備の目的とは、何でしょうか？

それは
「仕事をやりやすくするために、社内の『環境』を『整』える。そして、必要なものがすぐに取り出せるようにして、仕事に『備』える（準備する）」

これが、環境整備の目的です。

掃除は、掃いたり、拭いたりして、ゴミ、ホコリ、汚れなどを取り去ることですが、環境整備は、「仕事をやりやすくする」ための施策です。

毎朝30分間、全スタッフが環境整備に取り組む

たしかに、環境整備をすれば、オフィスやホテルはピカピカに磨かれますが、キレイにすることは、環境整備のひとつの側面にすぎません。

環境整備で重要なのは、「整理」と「整頓」

環境整備では、仕事をやりやすくするために、「整理」と「整頓」に力を入れています。

「整理」とは、「捨てる」ことです。

必要なものと不要なものを分け、不要なものは徹底して捨てます。

捨てるのは、もの（物）だけではありません。やるべき仕事とやらなくていい仕事を分け、やらなくていい仕事を捨てるのも、整理です。整理が習慣になると、「優先すべき仕事と、そうでない仕事」を判断できるようになります。

「整頓」とは、「揃える」ことです。

ものの置き場所を決め、向きを揃え、いつでも、誰でも使える状態を保ちます。「どのようにものを配置すれば、使いやすくなるのか」を考えることで、改善の習慣が身につきます。

整頓をするときは、名前、数字、色、記号などで「どこに何を置くか」「どの向きに置くか」を明示しています。

「ものをキレイに置こう」と指示を出しても、「キレイ」という感覚は人それぞれですから、ものを揃えることができません。

そこで、すべての備品の置き場所と置き方を決めています。

環境整備で仕事をやりやすくする

環境整備

前

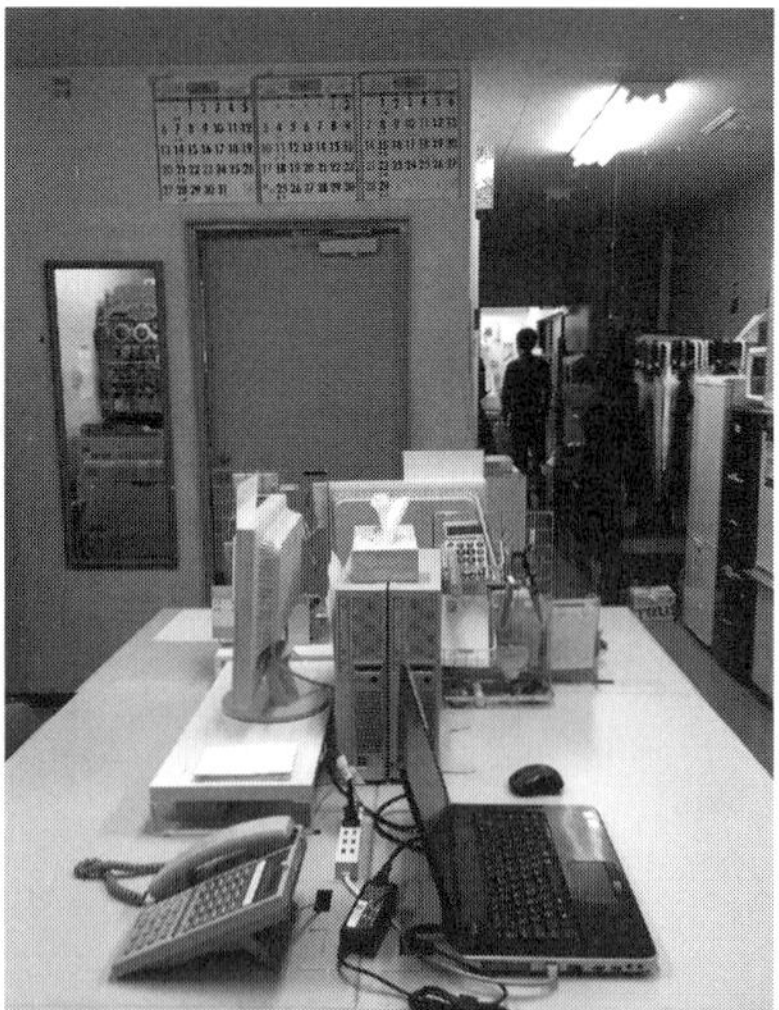

環境整備

後

環境整備

前

環境整備

後

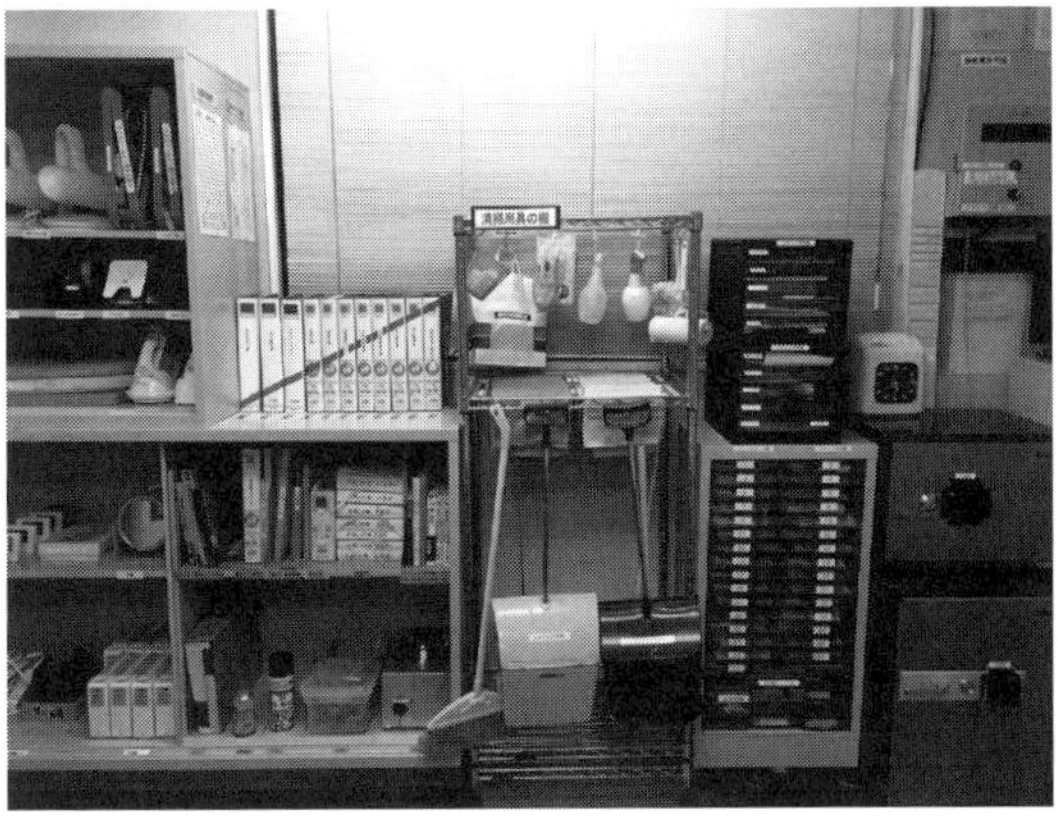

【掃除】
環境整備の「5つ」のメリット

環境整備を導入すると、業務改善のスピードがアップする

環境整備を取り入れたのは、今から約3年前です。

現在はまだ、小山昇社長の指導を受けている最中ですから、環境整備が「定着した」とは言い切れませんが、それでも、環境整備を導入したことで、次の「5つ」の効果を感じています。

①スタッフが素直になる
②社長とスタッフ、スタッフ同士の価値観が揃う
③感性が磨かれる

④改善の習慣が身につく（PDCAが回りはじめる）

⑤情報の整理・整頓・共有化が進む

①スタッフが素直になる

小山昇社長は、「教育の基本は、嫌いなことをやらせること。面倒がること、嫌がることを強制的にやらせるからこそ、心根の優しい、素直な人間が育つ」とおっしゃっています。たしかに、環境整備に取り組んでみて、私もそのことを実感しています。

私は、「会社（社長）の方針を実行できる人材」が多いほど、ホテルの改革は進むと考えています。

会社の決まりに対して、社員が疑問を挟まずに実行すれば、スピード感と一体感を持ってホテルの改善に取り組めるはずです。

環境整備を導入した当初、スタッフから「日頃から掃除をしているのに、どうして環境整備をしなければいけないのか」「決まった場所にいちいち置くのは面倒だ」「忙しい朝の時間にそんなことはしていられない」といった声が上がりました。

ですが、「決められたこと」を、「決められたとおり」にやり続けるからこそ、素直な社員が育ちます。環境整備は、嫌なことや面倒なことを受け入れたり、決められたことを守るための訓練です。

「エルステージ高松」の四宮公司は、環境整備の導入が決まったとき「正直、面倒だと思った」そうです。

「『環境整備』という言葉ははじめて聞く言葉で、『掃除と何が違うのか』もわからない状態でしたが、宝田社長の強い決意を見て、『自分がやりたいとか、やりたくないじゃなくて、これはどうあっても、やらなければいけないんだな』と感じました（笑）。でも、やらなければいけないことをやるからこそ謙虚になれたし、素直なスタッフが増えてきた気がします」（四宮公司）

②社長とスタッフ、スタッフ同士の価値観が揃う

すべてのスタッフが、ひとりも欠けることなく同じ方向に動くためには、全員の価値観が揃っていなければなりません。

おもしろいことに、全スタッフが「整頓」を意識して、「決められたところに、決められたものを置く」ようになると、少しずつ、スタッフの価値観が揃いはじめます。

「決められたところに置くと、心が揃う」。

これは私自身にとっても新しい発見でした。

環境整備を習慣にすると、社長とスタッフ、あるいは、スタッフ同士の価値観が揃いはじめます。

価値観が揃うと、ホテルの存続を揺るがすような事態に見舞われても、すぐに一丸となって社長の指示どおりに動けるようになります。社員の価値観がバラバラでは、「いざ」というピンチに結束できません。

「エルステージ高松」の支配人、佐藤雅博は、環境整備を導入したことで、サービスの均一化が図られていると感じています。

川六では、「マニュアルどおりの接客」「型にはまった接客」はせず、臨機応変さと柔軟さを持った接客を心がけています。

ですが、臨機応変な接客、柔軟な接客を求めようとすると、スタッフによってレベルの差が出ることがわかりました。

感性のいいスタッフは、「今、お客様は何を望んでいるのか」「今、お客様はどのような状態なのか」を察することができるので、先回りして接客をすることができます。

一方で、感性が磨かれていないスタッフには、それができません。

「型にはまった接客では、お客様の心に届きません。けれど、ルールがまったくない接客は論外です。環境整備には、『こうしなければいけない』というルールが決まっています。ルールに従ううちに、人は素直になり、『今までの自分のやり方は間違っていた』とか、『あの人のやり方を真似したほうがいい』といったことに気がつきます。

環境整備の導入までは『自分のやり方が正しい』とスタンドプレーに走るスタッフも見受けられましたが、みんなでルールを決めて守ることで、協調性が出てきました。まわりのスタッフを見るようになって、『チェックインのとき、自分はお客様にこう言っていたけど、もっと短くしたほうがいいんだ』『自分はゆっくり話していたつもりだったけれど、まわりには早口に見えていたんだ』といった新しい気づきを得ることができます」（佐藤雅博）

まわりを見て、いいところは真似するようになったことで、スタッフのレベル差がなくなってきています。

③感性が磨かれる

環境整備は、「毎朝30分間、全スタッフで行う」のが決まりです。どこを担当するのかは、計画表によって割り振られています。

指示されたことをやっていると、「あ、そうか。こうなっているのか」と、今までは知らなかったことに気づくことがあります。

この気づきによって、感性が磨かれます。そして、「そういうことだったのか」「こうすればもっと良くなるのか」と発見を重ねていくうちに、物事の判断力も養われていきます。毎朝30分間の環境整備をしていると、「感性は、頭で理解するものではなく、汗水たらして体得するもの」であるとわかります。

毎日、ピカピカに磨きこんでいるうちに、「床に小さな傷がついているな」「ソファーに小さなシミがついているな」「そろそろエアコンのフィルターを交換したほうが良さそうだ」といった気づきが生まれます。

こうした細かな汚れや傷に気づく感性が、やがて接客にも生かされるようになります。

④改善の習慣が身につく（PDCAが回りはじめる）

環境整備は、「どこを、誰が、どのような目的で整理・整頓するのか」という計画に則って実行しています。そして、月に一度、達成状況をチェックして、「未達成」のものに関しては再検討するしくみです。

チェックするしくみがないと、環境整備はただの掃除になってしまいますが、定期的にチェックすることで業務改善につなげることができます。

川六グループの中で、もっとも環境整備の結果が出ているのは、「エクストールイン熊本水前寺」だと思います。

環境整備は、各チームに分けて行いますが、フロント担当の大塚鮎子は、チームのリーダーとして、環境整備の定着に尽力しています。

大塚も、環境整備の導入当初は「ものの置き場所や、置く向きまで決める必要はないのでは？」と懐疑的でしたが、現在は、「整頓によってものを探す時間が短縮されて、効率的に仕事ができるようになった」と、その効果を認めています。

「熊本地震があったときも、必要な備品が、どこに、どれくらいあるのかがわかっていましたから、あわてることなく、すみやかに、必要なものをお客様にご提供できたと思います」（大塚鮎子）

環境整備をすれば、社内の美化が進みます。ですが大塚は、それだけでなく、接客の質も変わってきたと感じています。「読み取る力」や「察する力」が養われたことで、これまで以上にお客様に寄り添うことができるようになったのです。

「環境整備には必ず社長のチェックがあるので、やりっぱなしにはできません。自分たちの取り組みが点数で見える化されますから、点検後に、『どこができなかったのか』『どうすればできるようになるのか』を考えるようになります。こうした改善を繰り返した結果、挨拶のしかたや接客のしかたも変わってきた気がします。『どうすればもっとお客様に喜んでいただけるか』『どうすれば今まで以上に気持ちのいい挨拶ができるか』を考え、改善するようになったからです。それと、これは個人的なことですが、環境整備をするようになってから、自宅もキレイになりました（笑）」（大塚鮎子）

【環境整備は、ＰＤＣＡサイクルを回すしくみ】

・P（プラン）　計画を立てる

社員をいくつかの班に分け、班ごとに半期（6カ月先まで）の実行計画を立案する。「実行計画書」（109ページを参照）と「テリトリー地図」を張り出して、担当区分と担当者を明示する。

・D（ドゥ）　計画どおりに実行する

毎朝30分間、各自が決められたテリトリーを掃除（整理・整頓）する。

・C（チェック）　実行できたかを確認する

4週に一度、社長の私が「環境整備点検」を行う。点検に使う「環境整備点検シート」（110ページを参照）には、項目ごとに評価の欄が設けられてあり、◯と×を判断する。また、班のメンバーが、「実行予定だった内容ができたか、できなかったか」「どのようにできたか、なぜできなかったのか」について意見を出し合い、「実行計画書達成状況報告書」にまとめる（111ページを参照）。

・A（アクション）　できなかった内容を見直し、新しい計画を立て直す

×がつけられた項目は、「D（ドゥ）が間違っていた」ことがわかるので、スタッフは、「どうして○がもらえなかったのか」を検証し、次回に生かす。

実行計画の内容の中で「できなかったこと」に対しては、「そもそも、本当に必要な計画だったのか」「必要だとしたら、いつまでにやるのか」を検討する。

正直に言うと、環境整備をはじめた当初は、私自身も、「会社の整理・整頓をすると、どうして業務改善が進むのか」がよくわかってはいませんでした。ですが今では、「環境整備は、PDCAサイクルを回す訓練である」ことがはっきりと理解できています。

なぜなら、実行計画の立案と見直しを繰り返す中で、「どこに問題があるのか」という問題発見力と、「その問題を解決するにはどうしたらいいのか」という問題解決力が養われることがわかったからです。

実行計画書

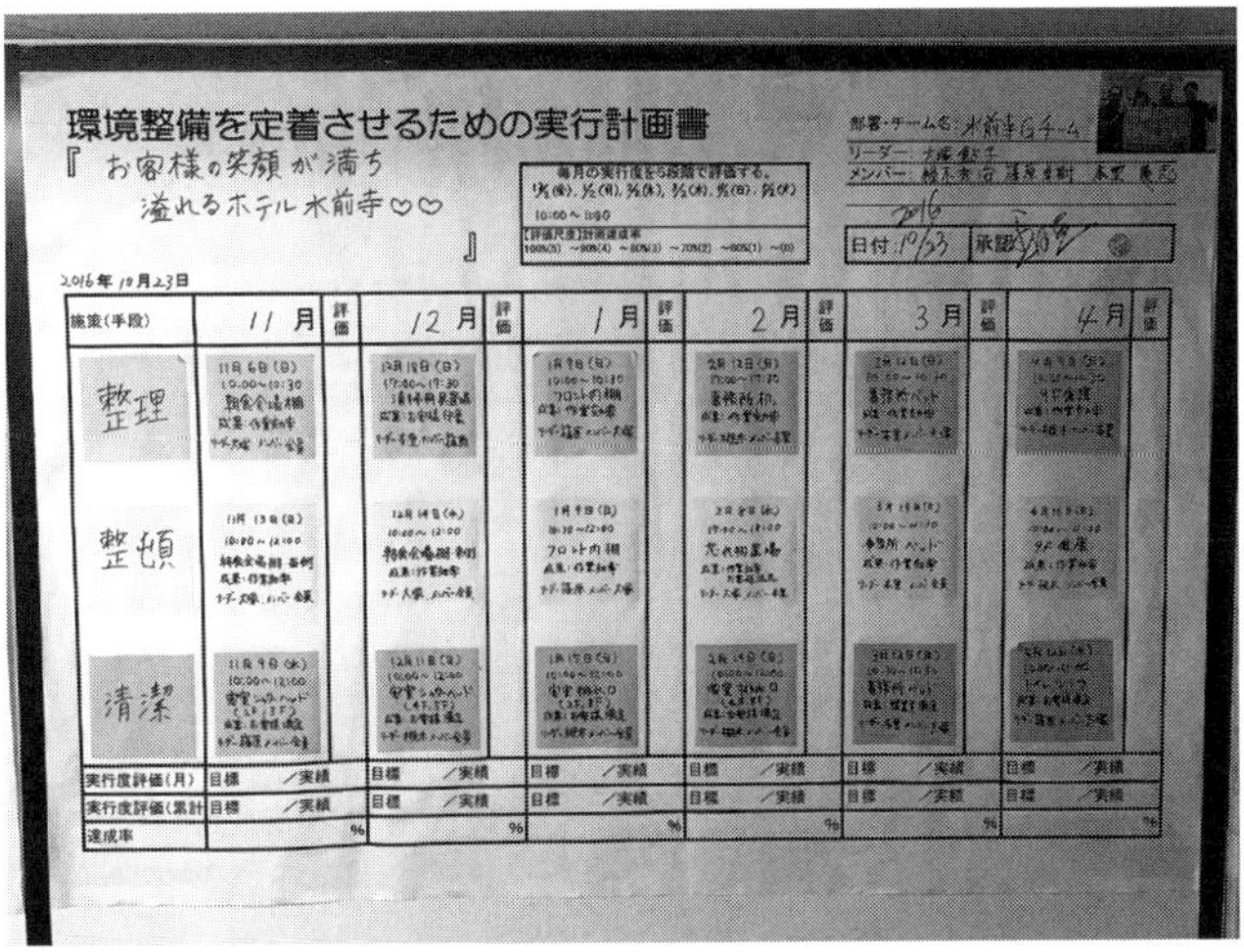
環境整備を定着させるための実行計画書
『お客様の笑顔が満ち溢れるホテル水前寺♡♡』
部署・チーム名
リーダー
メンバー
日付
承認
2016年10月23日
施策(手段)
11月
12月
1月
2月
3月
4月
評価
整理
整頓
清潔
実行度評価(月)
実行度評価(累計)
達成率
目標
実績

環境整備点検シート

点検日　　年　　月　　日

部署名：水前寺Fチーム

		内　　容	配点	評価	点数
1	礼儀	巡視の際、笑顔で大きな声で元気よく挨拶ができていて、名札を見える位置につけている。	5		
2	清潔	玄関にゴミが落ちていない。（落ち葉など自然物は除く）	5		
3	規律	環境整備の作業分担表があり実績が記入されている。	5		
4	規律	テリトリーマップに実績が記入されて、期間は、前回点検日翌日からとする。	5		
5	規律	事前チェックが正しく記入、表示されている。	5		
6	規律	実行計画に実績が正しく記入されている。レビュー写真がはってある。	5		
7	整頓	料金表とメモが定位置管理されている。（場所が明記してある）	5		
8	整頓	清掃道具置き場が定位置管理されている。（場所・数が明記してある）	5		
9	整頓	掲示物の四隅がきちんととめられていて、且つ、水平になっている。（期限切れのものが無い状態）	5		
10	清潔	事務所の蛍光灯の向きが揃っていて、汚れがない	5		
11	整頓	新しく二定管理もしくは三定管理されている箇所がある（狭くて可）	5		
12	整頓	新しくマニュアルもしくはチェックリストが一つ以上増えている。（更新も可）	10		
13	整頓	事務所の文房具が共有化され定位置管理されている。	10		
14	清潔	事務所のＰＣモニターとキーボードの位置が決められていて、汚れていない。	5		
15	整頓	事務所の整理棚が定位置管理されている。（場所が明記してある）	5		
16	清潔	事務所の床に５mm以上のゴミが落ちていない。	5		
17	整頓	フロントの引き出し・棚の中が定位置管理されている。（場所が明記してある）	5		
18	整頓	４階倉庫の中の物が明記されていて、定位置管理されている	5		
19	清潔	ロビーの床に汚れが無い。（その場所の備品に埃が無い）	5		
20	規律	社長の課題が実施されている。	5		
21		全体の印象　A10点　B5点　C0点			
		合計	120		

	社長課題

実行計画書達成状況報告書

実行計画書　達成状況報告書

報告日　2016／　11／23

事業部名	水前寺Gチーム

実績レビューに要した時間・人数

日時	時間	参加者
2016年10月14日(10:00～11:00)	60分	大塚、藤原、本里、根本

1．成果（事業部・チームの重点施策の結果データの達成度）

＜実行計画の達成率＞　　※算出方法は、達成率＝（合計評価点/重点施策項目数＊5）＊100

	施策数＊5点	合計評価点	達成率（%）
当月	15	15	100%
累計	90	90	100%

＜各施策の達成率＞

① 施策内容：整理

	目標	実績	達成率（%）
当月	5	5	100%
累計	30	30	100%

② 施策内容：整頓

	目標	実績	達成率（%）
当月	5	5	100%
累計	30	30	100%

③ 施策内容：清潔

	目標	実績	達成率（%）
当月	5	5	100%
累計	30	30	100%

施策	実行した内容と時期、実施した人の役割分担など、詳しくご記入ください。	やり残しは？	どの様な効果がありましたか、具体的にご記入ください。 また、どうすれば更に効果的かもご記入ください。 未実施箇所がある場合は、代替日をご記入ください。
整理	〈実施日,時間〉10月14日(金) 10:00～10:30 (30分間) 〈実施内容〉・厨房のいる物いらない物を分類した。(藤原・本里・村瀬(朝食担当)) ・1年以上使用していない、ソース入れ(1)、パン切包丁(1)、皿切り(1)、スライサーの刃(3)、ミニわたぎ棒(1)、ピカッと輝くシート試供品(1)も処分した。(藤原・本里) ・朝食担当の村瀬さんに不要な物を事前に確認していた為スムーズに作業が出来ました。	なし	〈効果〉・無駄な物がなくなり、調理器具置場がスッキリした。 ・調理器具置場がスッキリしたことで、物が取り出しやすくなった。 10cm×30cm四方のスペースが出来た。 〈改善点〉・とりあえず取っておくという発想をなくす。 ・1つ物を増やしたら1つ物を処分することを考える。
整頓	〈実施日・時間〉10月14日(金) 11:30～13:30 (120分間) 〈実施内容〉・冷蔵庫の中の品物の写真付POPを作成した。(大塚) ・調理器具の名前表示を作成した(藤原) ・どこに何を置くか使い手により決まっていない所を決めた。(藤原・村瀬(朝食担当)) ・POPや名前表示を取り付けた。(藤原・本里・大塚) ・食材の棚に各それぞれの食材が[illegible]で発注札を記して、発注点を明確にした。(藤原)	なし	〈効果〉・冷蔵庫の扉に写真付のPOPを貼ることで、どこに何が入っているか一目でわかるようになった。 ・物の配置を再検証することで、物の取り出しがスムーズになり、作業時間短縮につながった。(3秒短縮) ・調理器具の名前表示を輪ゴムバンドで固定したことで、食材への混入も防止できた。※混入があった事例はありません。 ・食材の発注点を決めたことで、発注作業がしやすくなった。※発注点リストあり 〈改善点〉・定期的に物の置場を再検討する。(再検討 3ヶ月に1回)より使いやすく工夫し続ける。
清潔	〈実施日・時間〉10月14日(金) 10:30～11:30 (60分間) 〈実施内容〉・冷蔵庫の中身を取り出し、アルコールで汚れをふきとげました。(本里) ・冷蔵庫のフィルターにホコリが付いていたので、取り外して水洗いで落としました。(大塚)	なし	〈効果〉・冷蔵庫の中の食材の液だれがなくなり、庫内が清潔になった。 ・フィルターのホコリを取り除いたことで、冷蔵庫内が冷えやすくなった。 〈改善点〉・一度きれいにしてもすぐに汚れてしまう所なので、清掃が継続に入れる。

注：①エピソードは口頭で報告します。　　※出来た事による成果物があれば、持ち寄ってください。

前述したように、川六では、スタッフに「改善シート」の提出を義務付けていますが、環境整備を導入したことで、スタッフからの業務改善提案の量と質が明らかに変わってきたと感じています。

⑤情報の整理・整頓・共有化が進む

環境整備の対象は、「もの」だけではありません。環境整備には、情報の整理・整頓も含まれます。

川六がエバーノートを使って議事録やお客様の声を共有しているのも、環境整備の一環です。必要な情報を整理して公開しておけば、必要なときに、誰でもすぐに閲覧することができます。

川六では、情報の環境整備として、次の取り組みも進めています。

◎ショートメールを使った宿泊予約の確認／お客様への忘れ物連絡

お客様の忘れ物があったとき、これまでは、一人ひとりお電話をかけていました。

多いときは、1日に10件以上の忘れ物がありますし、つながらなかった場合は、お客様に連絡がつくまで繰り返し電話をしなければならず、手間がかかりました。

そこで現在は、ショートメール送信ツール（いけいけナンバー、株式会社FunFusionのサービスです）を利用しています。

このツールを使えば、忘れ物があったお客様へメッセージを一括送信できます。

忘れ物には2種類があります。本当に忘れたものと捨てるのが面倒で置きっぱなしにしたものです。今まではすべて電話をしていましたが、現在は「いけいけナンバー」を使ってお客様の携帯電話に連絡をするので手間はかかりません。

メッセージを見たお客様からすぐにコールバックをいただけるので、忘れ物連絡がスムーズに行えるようになりました。

また、宿泊予約の確認にも、ショートメール送信ツールを使っています。

到着時間を何時間も過ぎているのにチェックインをされていないお客様は、「日にち忘れ」や「キャンセル忘れ」の可能性があります。

到着が遅れているお客様に対して、これまでは電話で確認をしていましたが、ショートメールなら宿泊日のリマインドメールを簡単に送ることができるため、キャンセル防止や宿泊日の間違いも減ってきています。

◎客室清掃管理システム

現在、川六では、iPadを活用した客室清掃管理システム「清掃君」を導入しています。

これまでは、客室の清掃をする際、フロントと清掃スタッフの間で、「どの部屋がチェックアウトしているのか」「どの部屋の清掃が終わっているのか」といった情報を内線電話でやりとりしていました。しかし、部屋数が多いと内線電話でのやりとりが煩雑になってしまうので、iPadを使ったシステムへ変更しました。

このシステムを使えば、フロントと清掃スタッフがチェックアウト情報、清掃情報をリアルタイムに共有することで、作業の効率化を図ることができます。

また、清掃スタッフが客室内を撮影し、部屋番号とひも付けて整備不良を記録することもできます。

「清掃君」で客室情報をリアルタイムで共有

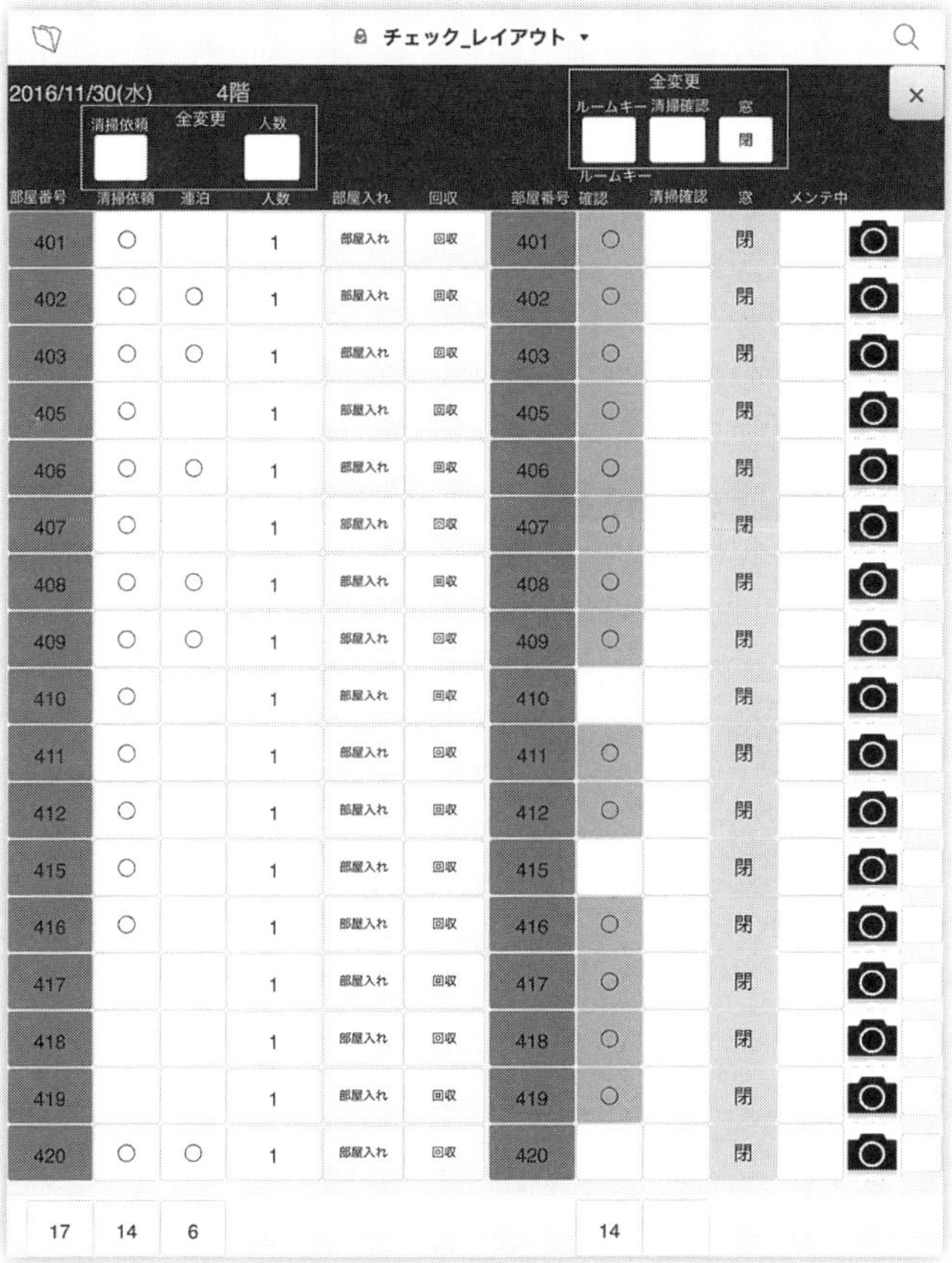

部屋番号	清掃依頼	連泊	人数	部屋入れ	回収	部屋番号	ルームキー確認	清掃確認	窓	メンテ中
401	○		1	部屋入れ	回収	401	○		閉	
402	○	○	1	部屋入れ	回収	402	○		閉	
403	○	○	1	部屋入れ	回収	403	○		閉	
405	○		1	部屋入れ	回収	405	○		閉	
406	○	○	1	部屋入れ	回収	406	○		閉	
407	○		1	部屋入れ	回収	407	○		閉	
408	○	○	1	部屋入れ	回収	408	○		閉	
409	○	○	1	部屋入れ	回収	409	○		閉	
410	○		1	部屋入れ	回収	410			閉	
411	○		1	部屋入れ	回収	411	○		閉	
412	○		1	部屋入れ	回収	412	○		閉	
415	○		1	部屋入れ	回収	415			閉	
416	○		1	部屋入れ	回収	416	○		閉	
417			1	部屋入れ	回収	417	○		閉	
418			1	部屋入れ	回収	418	○		閉	
419			1	部屋入れ	回収	419	○		閉	
420	○	○	1	部屋入れ	回収	420			閉	
17	14	6					14			

私が「そうじ」でやっていること

一《いち》柳《やなぎ》卓《たか》史《し》
（エクストールイン熊本銀座通）

①掃除のコツ

雑巾がけがいちばん大変ですが、いちばん重要だと思います。床に這いつくばれば汚れやホコリがどんどん見えてきます。

②気をつけていること

みんなで楽しく掃除をすること。嫌々やっていてははかどらないと思うので、イベントのような感覚で、お互いアドバイスしあったり、進捗状況を話したり、コミュニケーションを取りながらの掃除を意識しています。

③私のノウハウ

狭い範囲を徹底的に磨きあげる。そして掃除する場所、物を実際に触ってみる。見えないような高いところも触ってみると汚れやホコリが溜まっています。

坂《ばん》東《どう》昭《あき》彦《ひこ》
（エルステージ高松）

①掃除のコツ

決められた1カ所を徹底的に磨く。想像力を働かせる。そうすれば物で見えないところにもゴミが落ちている、汚れていると思えます。

②気をつけていること

環境整備をひとりでやらない、全員でやること。やっていない人には、やることの楽しさを教えられるように自分が工夫する。また頑張ってくれている仲間に常に感謝の気持ちを持つ。

③私のノウハウ

今の仕事のやり方に満足せずに、もっとスピードが上がるように、お客様に時間を使えるように考えること。そのためにはもっと仕事を知ること。

守《もり》 結《ゆ》花《か》

（エクストールイン西条駅前）

①掃除のコツ

少しずつしていくこと。一気にしようとせず、小さなスペースを念入りにする。

②気をつけていること

ただ綺麗にするだけでなく、仕事がしやすいように整頓すること。すぐどこにあるかわかるように、見やすく置くようにしています。

③私のノウハウ

テーブルについたインクや手垢はアルコールで取れます。受話器やマウスなど、日頃仕事で使っている物も時々アルコールで拭くと、黒くならずに綺麗な状態で使えます。

篠《しの》原《はら》卓《たか》樹《き》

（エクストールイン熊本水前寺）

①掃除のコツ

動かせる物は動かしてから掃除すること。上から下へ、奥から手前に掃除すること。最初から広い範囲を掃除しようとしないこと。

②気をつけていること

キズをつけずに綺麗にすること。キズをつけると汚れが付きやすくなります。暗いところも懐中電灯で照らして、小さなゴミも見逃さないこと。

③私のノウハウ

事前に小さな部分で試してみて適した洗剤、道具を準備するとムダがない。事前、事前が大切です。

第3章

「あいさつ」と「でんわ」で社員がピカピカに変わる

エクストールイン西条駅前

【挨拶】
大きな声で挨拶するだけでも、ホテルの評価は良くなる

川六の挨拶の原点、「サカガワスタイル」とは？

旅館時代に、お客様から挨拶のしかたを何度も褒められた従業員がいます。阪川登さんです。

阪川さんは、お客様とすれ違うときも、立ち止まって、しっかり深々と頭を下げ、とてもキレイなお辞儀をします。そして、絶対にお客様より先に頭を上げません。

「エルステージ高松」のオープンに際し、お客様に好印象を与える「阪川さんの挨拶」を取り入れようと考えました。今、川六グループの挨拶は、この「サカガワスタイル」がスタンダードになっています。

キレイに見える挨拶には、いくつかのポイントがありますが（123ページ参照）、私がもっとも重視しているのが「大きな声」です。

「恥ずかしい」「緊張している」などの理由で、蚊の鳴くような声しか出せないスタッフもいます。

ですが、声が小さいと、気持ちが伝わりません。挨拶をしても、声が小さくて相手に届いていないとしたら、それは、挨拶をしていないのと同じことです。声が小さいというだけで、「仕事の拒否」「コミュニケーションの否定」ととらえられてしまうこともあります。

そこで川六では、全員を集めて「大きな声」を出す練習（発声練習）をしています。

まず、私が大きな声で「おはようございます！」と見本を見せます。私に続いて、社員全員で「おはようございます！」と挨拶をします。これを何度か繰り返します。

ある程度声が出るようになったら、今度はひとりずつ、挨拶をさせます。お腹から声が出るようになるまで（私に負けない声が出るまで）、何度でもやり直しをさせます。

最初は恥ずかしくても、毎日毎日練習をしているうちに、だんだんと声が大きくなってくる。そして、声の大きさにともなって、笑顔も出るようになります。

もちろん、声の大きさにもＴＰＯに応じたマナーがあるので、四六時中大きな声を出しているわけではありませんが、大きな声を出せる人は、小さな声も出せます。けれど、小さな声しか出せない人は、大きな声を出せません。ですから、大きな声を出せるように練習しておく必要があります。

「大きな声を出す」のはアナログな方法ですが、大きな声でしっかり挨拶するだけでも、ホテルの評価は良くなると思います。

川六ではオペレータールームを設けていませんので、ご予約のお電話はバックヤード（事務所）でお受けしています。

すると、まわりが「うるさい」と感じるくらい大きな声で受け答えをしているスタッフは、お客様からの評価が高い。電話の声の大きさと、お客様に与える印象度は比例するようです。

川六の挨拶

- 必ず「立ち止まって」心を込めて挨拶(おじぎ)をします
- お客様が通り過ぎてから動きます
- 曲がり角でお客様の気配(足音)を感じたら、お客様が来られるまでじっと待ちます
- フロント前、ロビーだけでなく、館内のすべてと駐車場でも、全従業員がオン・オフ関係なく(私服でも)挨拶をします

出入りする協力会社にも、丁寧な挨拶を心がける

スタッフが丁寧な挨拶をする相手は、お客様だけではありません。お取引先、宅配便のドライバー、メンテナンス会社の方々への挨拶も徹底しています。

宅配便のドライバーや取引先の方々は、川六以外のホテルにも出入りをしているので、「それぞれのホテルが、どのような挨拶をしているか」「それぞれのホテルが、外注先に対してどのような態度を取っているのか」がわかっています。

そして取引先同士で、「あのホテルは良かった」「あのホテルはダメだった」と比べているようです。

以前、設備のメンテナンス会社の方から、こんなことを言われたことがあります。

「今度、私の親戚が高松に来るので、川六さんに泊まるように勧めておきました。川六さんは僕らにも丁寧に挨拶をしてくれますから、いつも気持ち良く仕事ができます。川六さんなら、安心して人に紹介できますね」

お客様はもとより、ホテルに出入りする協力会社の方々にも、わけへだてなく気持ちの良い挨拶をする姿勢が、ホテルの印象向上につながります。

【挨拶】大手ホテルチェーンにも負けない川六の挨拶

挨拶のしかたを変えるだけで、お客様の満足度が上がる

大手ホテルチェーンから川六に転職した槻木《つきぎ》秀治（エクストールイン熊本水前寺の副支配人）は、「挨拶のしかたが前職とは全然違った」と感じたそうです。

槻木の中には、大手ホテルチェーンで10年以上勤務したプライドがあったと思いますが、「エクストールイン熊本銀座通」に入社した当初は、毎日、私に挨拶のしかたを怒られていました（笑）。

「入社してすぐに『挨拶をしっかりやりなさい』と言われたことが今も印象に残っていま

す。前職もホテル勤務だったので、『挨拶ぐらいできる』と思っていたのですが、川六の挨拶は、大手ホテルチェーンのそれとは、お辞儀のしかたも、声の大きさも、まったく違いました。どうしても昔の挨拶のクセが抜けなくて苦労しましたが、今では、挨拶のしかたを変えるだけでお客様の満足度が変わるのだと実感しています」(槻木秀治)

川六でピカイチの挨拶をする人物とは?

「エクストールイン熊本銀座通」のフロント係、中嶋布貴《ふき》は、川六の全スタッフの中でも、「ピカイチの挨拶」をするスタッフです。

お客様からの評価も高く、スタッフの模範といえます。

「旧ホテルのころから挨拶はしていましたが、真剣な挨拶をするようになったのは、宝田社長と会ってからです。以前の挨拶と、今の挨拶では、自分自身の中でもずいぶん違うかな、と感じています。おそらく、『おもてなしの心』を勉強するようになったことがその理由です。かつては、形式的にお辞儀をするだけでしたが、今では、『感謝の気持ち』を挨拶に込めるように心がけています」（中嶋布貴）

中嶋は、スタッフの誰よりも早く、お客様にお声がけをしています。それができるのは、「察する力」が高いからです。

「チェックインのときは、自動ドアが開いたらすぐにお客様のほうを向いて、『いらっしゃいませ』と挨拶しています。チェックアウトのときも同じです。常に、お客様の**足音やエレベーターの音（降りてくる音）に注意を払い、**少しでも音が聞こえたら、仕事中でもいったん手を止めます。そして、お客様の姿が見えたら、すぐに挨拶をします。とはいえ、お客様に気づかずに、お声がけが遅くなるときもあります。そんなときは、『お声がけが遅くなってしまい、申し訳ありません』と謝ります。するとたいていは『いいよ、いいよ』と言ってくださいますね」（中嶋布貴）

私が「あいさつ」でやっていること

中《なか》嶋《しま》布《ふ》貴《き》

（エクストールイン熊本銀座通）

①挨拶のコツ

どんなときでも誰よりも早く、明るく元気な声、とびきりの笑顔で挨拶をすること。扉が開いた瞬間に声をかける。また、お客様がご出発、外出の際にはお客様の背中に向けて「いってらっしゃいませ」と声かけをする。

②気をつけていること

別の仕事をしていたら必ずいったん手を止める。お客様の方に体を向き変えて挨拶をする。音にも敏感に！　自動扉のピンポンの音、エレベーターの開いた音、足音、裏口扉が開いたときの空気の変化の音、どれかに気づけるようにする。万が一声かけが遅れたら、お客様へ「お声かけが遅れてすみません」と一声添えるようにしている。

③私のノウハウ

チェックアウトのときは必ず「ありがとうございます。またお待ちしてます」と必ず一声添える。リピーターのお客様へはチェックインのときもアウトのときも「いつもありがとうございます」と感謝の気持ちをお伝えする。連泊中のお客様でお顔を覚えている方へは、「おかえりなさいませ」と挨拶をかえる。仕事中はひとつの仕事に集中しすぎず、まわりに気を配ることが大切だと思っています。

橋《はし》本《もと》剛《つよし》

（エルステージ高松）

①挨拶のコツ

自分から先に笑顔で元気よくすることです。

②気をつけていること

挨拶しなければすべての印象を帳消しされると言っても、過言ではないと思います。したがって率先して挨拶をすることを実感しています。

③私のノウハウ

相手にきちんと伝わることを思いながら取り組んでいます。相手の目を見ていち早くお辞儀をすることです。

私が「あいさつ」でやっていること

鈴《すず》木《き》義《よし》徳《のり》
（エクストールイン西条駅前）

①挨拶のコツ

お客様の目を見て笑顔で、地声ではなく少し高めの声でゆっくりハキハキと挨拶した後、お辞儀をする。

②気をつけていること

作り笑いにならないよう口だけでなく目も笑うよう、自然な笑顔を心がける。気持ちが伝わることが重要、大切なお客様だという意識を常に持つ。

③私のノウハウ

お客様の状況に合わせた態度で挨拶する。お客様のお帰りの際の挨拶はとても大切。何か作業をしていても手を止め最優先で丁寧に挨拶をする。

大《おお》塚《つか》鮎《あゆ》子《こ》
（エクストールイン熊本水前寺）

①挨拶のコツ

明るく大きな声と笑顔で、自分がお客様だったらこんなふうに迎えられたら嬉しいという挨拶を心がける。

②気をつけていること

お客様が自動ドアをくぐられた瞬間に笑顔で元気よく挨拶をする。

③私のノウハウ

声のトーンを普段より高くし、お客様の目を見て、笑顔と大きな声を意識してハキハキと挨拶をする。

【電話】予約の電話がかかってきたら、「お名前」をお呼びしながら電話に出る

「ＣＴＩ」というシステムを導入して顧客管理を管理する

川六では、「エルステージ高松」のオープンから1年後に、「ＣＴＩ」というシステムを導入しています。

ＣＴＩは、「Computer Telephony Integration（コンピュータ・テレフォニー・インテグレーション）」の略語で、電話やＦＡＸなどをコンピュータと統合する技術のことです。

このシステムを使うと、着信と同時に、お客様のプロフィール、予約履歴、対応履歴などが画面に自動表示されます（携帯電話などの番号をご登録いただいたお客様に限る）。

電話を取る前にお客様情報を呼び出すことができるため、

「○○様、いつもご利用いただき、ありがとうございます」

と、お名前をお呼びしながら電話に出ることができます。

履歴を見れば、お部屋のタイプや「喫煙・禁煙」の好みもわかりますから、「禁煙のお部屋でよろしいですか？」と、お客様に合わせて、先回りした応対ができます。

以前、私が高松市内でバスに乗っていたら、次のような会話が漏れ聞こえてきたことがありました。


「川六に予約の電話を入れたら、こちらが名乗るよりも先に、向こうから名前を呼んでくれた。名前を呼ばれると、安心できるよね」


「名前」を呼ぶことによって、呼ばれたお客様は「自分が大切にされている」と感じるようになります。そして、川六に信頼を抱いてくださいます。

川六のライバルを見回しても、「ＣＴＩ」を導入しているホテルは少ないため、予約時に「お名前をお呼びする」だけでも、リピートを生む大きなアドバンテージになっています。

リピーターは、ネット予約よりも電話予約を選ぶ

私が「エルステージ高松」をオープンしてすぐに「CTI」の導入を決めたのは、おもに「2つ」の理由からです。

①宿泊特化型ホテルの生命線は、リピーターの確保にある

高級旅館やリゾートホテルの場合、「一生に一度」しかご利用にならないお客様もいらっしゃいます。

一方で、宿泊特化型ホテルのターゲットは「ビジネスで利用されるお客様」ですから、利用頻度が高くなるはずです。

リピート率が上がってくると、かかってくる電話の半分以上はリピーターからのご予約になります。だとすれば、リピートしてくださるお客様にご満足いただけるサービスや予約システムが必要です。

当初は、今ほど携帯電話は普及していませんでしたが、それでも、固定電話から携帯電話への移行が進むことは明らかでした（固定電話の場合は、会社名などはわかりますが、お名前まではわかりません）。

携帯電話になれば、かけてきた相手を特定できますから、お名前をお呼びすることができます。顧客情報を管理しておけば、お客様に合った電話応対が可能になるのです。

②インターネットが普及しても、電話予約はなくならないから

インターネットの普及により「ネット予約」が増えていますが、たとえば「お得意様（リピートしてくださるビジネスマン）」などは、ネット予約よりも電話でご予約をされるほうが多くなっています（ネット比率は50％未満）。

継続利用してくださっている「エルステージクラブ会員」のお客様（5回以上ご利用いただいたお客様）には、「優先予約」の付帯サービスを設けているため、ネットでご予約をいただくよりも、お電話でご予約をいただいたほうが確実にお部屋をお取りできます。

会員になっているお客様はそのことがわかっていますから、電話の予約が多くなります。

また、ネット予約だと入力に時間がかかるが、電話予約は、ホテル側もお客様情報がわかっているため、ご予約もスムーズです。

「○○様、いつもありがとうございます。お日にちはいつですか？　今日から1泊ですね。承知しました。では、禁煙のお部屋をすぐにご用意します」

と、これだけの会話で予約が取れます。約10秒なので、手間がかかりません。そのため、川六の場合は、利用頻度の高いお客様ほど、ネットよりも電話で予約します。

【電話】ホテルからお客様にセールスのお電話を差し上げることもある

「攻めの予約」で空室率を下げる

川六グループのホテルを5回以上ご利用いただいたお客様には、「エルステージクラブ会員」へのご入会を勧めています。現在、会員数は3500名以上です。

会員様には、会員価格での宿泊、優先予約、レイトチェックアウトなどのサービスをご提供しています。

川六は、会員様の急なご予約（当日のご予約）にも対応できるように、会員様用に、お部屋を数室、空けています（残り10部屋を切ったら、会員様を優先するなど）。

ですが、せっかく部屋を空けておいたのに、会員様からのご予約がないと空室になってしまいます。

ホテルにとって、もっとももしてはいけないことは、「売れ残すこと」です。ですから、「何部屋空けておくのか」「何時まで空けておくか」の状況判断が求められます。

「エルステージ高松」は、自社だけでなく、高松市内の需要や他のホテルの空き状況、リピート客の動向（この時期にホテルを利用しそうなお客様は何名くらいいるか）などを踏まえながら、会員様のための部屋数を決めています。

その日の状況にもよりますが、「エルステージ高松」では、会員様からの「急なご予約」があることを見越して、午後6時までは「10部屋」は空けておきます。

しかし、午後7時を過ぎてもご予約が入らない場合は、宿泊の可能性がある会員様に、「こちらからお電話を差し上げる」こともあります。

「毎月、〇日にご予約をいただいていますが、本日は大丈夫でしょうか？」

とお電話を差し上げると、「そうでした。忘れていました」と予約を入れていなかったことに気がつくお客様もいらっしゃいます。

こうした攻めの予約ができるのも、お客様との信頼関係が築けているからです。

利益よりも、会員様の満足度を優先する

たとえば、会員様から、夜7時に、次のようなお電話をいただいたとします。

「今日、これから1泊お願いできませんか？　私のほかにもうひとりいるので、シングルを2部屋、お願いしたいのですか」

お連れのお客様は、川六に泊まったことがない「新規のお客様」です。お部屋には数室しか空きがありません。

この場合、考えられる選択肢は、次の2つです。

①会員様の紹介なので、2部屋お取りする
②会員様の部屋は取れるが、新規の方の部屋はお取りできないことを伝える

こうした場合、川六では「②」を選びます。

川六のフロント担当は、

「申し訳ありません。この時間は、会員様のお部屋しか空きがなくて、お連れ様のお部屋はご用意できません」

とお答えをするでしょう。

「できるだけ早い時間に、しかも定価で、満室にしたい」と考えるのが、ホテル経営者の一般的な心情です。

効率だけを考えれば、いつまでも部屋を空けておくより、新規客を取って、早く埋めてしまったほうがいい。

けれど私は、たとえ非効率でも、できるだけ夜遅くまで「会員様のためのお部屋」を確保しておきたいと考えています。

かつて、あるゴルフ場が、「ビジターのほうがプレー代金は高く取れる」という理由で、会員権を持つメンバーよりも、ビジターを優先したことがあります。このゴルフ場は、メンバーの信用を失い、倒産しました。利益に走った結果です。

「会員から急な予約があるとは限らないのだから、新規客を取るべきだ」という意見もあると思いますが、私は違います。

会員様、お得意様、継続利用者の満足度を失ってはいけませんから、空室が少なくなってきた場合は、会員様を優先しています。

「会員様のお部屋しか空きがありません」とお答えすると、会員様は「自分だけ泊まるわけにはいかないから、他を探します」と言って、他のホテルに行かれます（川六で代わりのホテルを探すこともあります）。

このとき、会員様は川六に対して、どう思うでしょうか？

「融通がきかないホテルだな。部屋を取ってくれてもいいのに」と不満を覚えるでしょうか？

じつは、こうしたケースは何度もありました。でも、会員様から不満が上がったことはありません。

それどころか、「自分ひとりだけなら泊まれたんだ」「このホテルは、会員を大切にしてくれるんだ」という優越感を得て、川六をより一層信用してくださるようになったのです。

【電話】最初に電話に出た人が「わが社の顔」

ホテルが満室のときこそ、電話応対力が問われる

ホテルが満室でやむなくお断りするときも、「あー、もういっぱいです」「あー、今日は無理です」とそっけない返事をしてはいけません。

「お電話いただいてありがとうございます。またよろしくお願いします」と丁寧に受け答える。場合によっては、「大変申し訳ございません。本日は満室でお部屋がお取りできませんので、近くのホテルをご案内しましょうか?」と、他のホテルを探して差し上げることもあります(会員様限定)。

このサービスは「ザ・リッツ・カールトンホテル」を真似したものです。

「ザ・リッツ・カールトンホテルでは、たとえ満室であっても、お客様が望むグレードの客室が周辺のホテルにないかを探し、折り返し電話をしてくれる」という話を聞き、川六でも取り入れることにしました。

川六に空室がなく、お客様のご要望に直接お応えすることができなくても、代替案を考え、ご提案する。誠意を持って川六にできることをやるという姿勢が、次につながります。

実際に、「前回は満室で泊まれませんでしたが、そのときの電話応対に誠意を感じたので、いつか必ず川六さんに泊まろうと思っていました」といったお褒めのお声をいただくこともあります。

最初に電話に出た人が「わが社の顔」です。

電話の出方ひとつで、ホテルのイメージは変わるから、イメージを損なわないよう（イメージアップができるよう）、真摯な対応を心がけています。

また、電話をするときの表情が声として伝わるため、電話の横に小さな鏡を置き、笑顔で電話をとるようにしていますが、これは「帝国ホテル」の取り組みを真似したものです。

内線電話でお客様に長々と説明してはいけない

電話応対は、外線だけではありません。川六では「内線電話」でも丁寧な応対を心がけています。内線電話を使ってお客様からお問い合わせがあったときは、「電話口で、長々と説明しない」ようにしています。

備品の使い方がわからずに内線電話があった場合、「こうして、ああすれば、使えるようになります」と一度は電話でご説明をしますが、それだけではご理解いただけない場合があります。そんなときは、すぐにお部屋にうかがう。「一度、お電話でご説明をして、それでもお客様がお困りのようなら、お部屋に出向いて、直接ご説明する」のが決まりです。

携帯電話が普及したことで「内線電話を置かないビジネスホテル」も多くなってきました。ですが川六では、現在も内線電話を設置しています。お客様にご不便をかけてはいけないからです。

実際には、内線電話をかけてくるお客様は多くありません。けれど置いておくだけで「わからないことがあったら、フロントに聞ける」という安心感をお届けすることができます。

川六の電話

- 大きな声・明るく元気よく

- お客様の気持ちを察することで電話応対をスムースにします

- 電話中、鏡を見ながら「笑顔」を確認します

- お客様がご不便を感じたり、お困りのときがチャンス。
「場所がわからない」
「泊まる部屋がない」など、
お困りのときは、最大の力を出して
お客様をフォローする。
120%の力で対応します

私が「でんわ」でやっていること

山《やま》口《ぐち》由《ゆ》紀《き》
(エクストールイン熊本銀座通)

①電話のコツ

電話が鳴ったらすぐに取ります。会話の中で、かしこまった言葉だけではなく、少しくだけた言葉を使うときもあります。そのことで、お客様も話しやすくなり、よりお客様のご要望を聞き出せることがあるからです。

②気をつけていること

会社名を言う第一声で印象が決まると思います。声のトーンを上げて、ゆっくり明るく話すよう心がけています。

③私のノウハウ

必ず復唱します。私の聞き間違いをなくすだけではなく、お客様も、ちゃんと伝わっているのか確認できて安心していただけると思います。

上《かみ》地《じ》 恵《めぐみ》
(エルステージ高松)

①電話のコツ

まず第一声を明るくはきはきと。最初の印象が大切なので高めのトーンで話すようにしています。

②気をつけていること

常にお客様をお待たせしないように心がけています。お問い合わせ内容によって保留時間が長引きそうなものは、即座に判断して折り返しお電話するようにしています。

③私のノウハウ

CTIの情報だけでなく、自分の覚えているお客様情報を生かしています。CTIに情報が出ていない方でも名前や会社名で「いつもありがとうございます」と言えることが大事です。

越智春奈《おちはるな》

（エクストールイン西条駅前）

①電話のコツ

少し高めの声で明るく、ハキハキと受け答えするようにしています。「丁寧に、親切に、誠実に」を大切に応対するようにしています。

②気をつけていること

お待たせしない。相手が不安にならないように確認の復唱を必ずすることです。

③私のノウハウ

ありがたいという気持ちや、お断りをする際の申し訳ないという気持ちが、相手に伝わるように言葉に乗せる。会話に合わせた、気の利いた言葉を添えるように努力しています。

大塚鮎子《おおつかあゆこ》

（エクストールイン熊本水前寺）

①電話のコツ

声のトーンを高くし、お客様に電話越しでも笑顔が伝わるような、明るくハキハキとした応対をする。

②気をつけていること

お客様をお待たせしない。1コールで電話に出る。電話だからこそ、挨拶をより元気に明るくする。

③私のノウハウ

まずはお客様のお話を聞くことに徹し、お客様のご要望を正確に把握する。そして、お客様の立場に立ってご案内などを、なるべく細かく、わかりやすいよう配慮する。必要であれば資料をFAXしたり、当日お渡しできるよう用意する。

第4章

小が大に勝つ戦略

エクストールイン山陽小野田厚狭駅前

「ホテルの再生」とは、「社員の再生」をすること

旧ホテルの従業員を引き継ぐときに気をつけていること

ホテルの再生とは、社員（スタッフ）の再生にほかなりません。

川六がホテルの再生に乗り出す際、インフラ（設備・施設）の整備以上に力を入れているのが、**「スタッフのモチベーションを上げること」**です。

ホテルをリニューアルする際、基本的には「旧ホテルの従業員を引き継ぐ」のが私の方針です。

旧ホテルで苦汁を飲まされてきたスタッフの中には、「誰がトップに立っても、このホテ

ルは変わらないのではないか」「経営権が川六に移っても、このホテルは良くならないのではないか」と不安を抱いていることがあります。

彼らに、「このホテルは生まれ変わることができる」という期待感を持ってもらえなければ、ホテルを再生することはできません。

旧ホテルのスタッフを引き継ぐとき、私は次の「5つ」のポイントを意識しています。

①個人面談を行って、会社の方針、私の決心を伝える
②面談では、「口調は優しく、内容は厳しく」する
③給与は、旧ホテルと「同額」からスタートする
④「社長は決定する人で、社員は実行する人である」ことを伝える
⑤最初は「力づく」で従わせる

①個人面談を行って、会社の方針、私の決心を伝える

スタッフを引き継ぐときには、必ず「個人面談」を行って、「私がどのような考えを持っているのか」「川六が運営をすると、ホテルがどう変わるのか」を理解してもらいます。

面談では、社員の気持ちを丁寧に聞くことからはじめています。

「前のホテルでは、どのような思いで仕事をしてきたのか」「何に不満があったのか」「川六に期待することは何か」「前のホテルが経営難に陥った原因はどこにあると思うか」など、社員の考えをひと通り聞き出したあとで、社長の私から、次のことを伝えています。

【面談時に社員に知ってもらうこと】

- 「楽天トラベルアワードでダイヤモンド賞を4年連続受賞している」ことなどを伝えて、川六が高い評価を得ていることを知ってもらう。
- 「エクストールイン熊本銀座通」など、川六の手によって生まれ変わった改善事例を見せて、ビフォー&アフターを知ってもらう。

・「あいさつ　そうじ　でんわ」を徹底していることを知ってもらう。
・お客様アンケートの回収に力を入れるなど、「お客様のご意見を一所懸命吸い上げる会社」であることを知ってもらう。
・社員教育に力を入れているので、誰でも必ず成長できることを知ってもらう。
・ホテルが変わることを機に、自分の人生も大きく変わる可能性があることを知ってもらう（そのチャンスをつかむのもつかまないのも、本人次第であることを知ってもらう）。

「エクストールイン西条駅前」のフロント担当、守結花は、「経営が川六に変わる」ことを知ったとき、川六のホームページをチェックしたそうです。

「ホームページを見て、宝田社長が高松や熊本でどのようなホテルを経営されているのかがわかったので、『自分たちのホテルも、こんなふうに生まれ変われるのか』という期待がありました。それに社員のブログには、『社長がお肉を焼いてくれた』と書いてあって（笑）、『社長と社員の仲が良くて、いい会社なんだな』という印象を持ったんです。ホームページやブログを見ただけでも、宝田社長から『オレについてくれれば大丈夫』と感じさせるパワーがあふれ出ていましたね」（守結花）

②面談では、「口調は優しく、内容は厳しく」する

旧ホテルの不振を目の当たりにしていた人たちは、自信をなくしている場合があります。また、「新しい社長（新しいやり方）についていけず、自分は落ちこぼれてしまうのではないか」と不安に思っている人もいます。

ですから、最初の面談では、社員の緊張感をほぐすためにも、優しい口調で接しつつ、「前のホテルがうまくいかなかったのは、あなたたちの責任ではなく、経営者の責任です」「川六は社員教育に力を入れているので、1年も経てば、ホテルも、スタッフも、見違えるように成長できます」

と伝えています。

ですが私も、甘やかすつもりはありません。悠長に構えている時間もありません。口調は優しくても、社員には「本気になること」を求めています。

「本気にならなければ、ホテルも、自分も、変えることはできません。これから数カ月間は全力疾走をしてください。今までにないくらい行動してください。また、川六では『あいさつ、そうじ、でんわ』を徹底しているので、一所懸命、掃除をしてください。明るく元気に大きな声を出してください」

とお願いをしています。

③給与は、旧ホテルと「同額」からスタートする

仕事内容などによって若干の調整は加えますが、初年度（1年目）の給与は、旧ホテルと同額を基本にしています（旧ホテルの給与があまりにも低かったり、反対に高かったりした場合は調整をします）。

1年目は、私も「誰が、どれくらい仕事ができるのか」がわからないので、給与を高くすることができません。

一方で、給与を下げてしまうと、社員はやる気を失いますから、現状維持からスタートしています。

2年目以降は、しっかりと私が査定をして、評価が良い社員は昇給する（評価が低い社員は下がる）しくみです。

④「社長は決定する人で、社員は実行する人である」ことを伝える

「エクストールイン熊本銀座通」と「エクストールイン熊本水前寺」の2館の支配人を兼務する中嶋祐也は、自分が支配人に抜擢された理由を、次のように自己分析しています。

「私は、社長から言われたことを、スピード感を持って、ただただ愚直に実行することを心がけてきました。支配人になれたのは、それが理由だったかもしれませんね。宝田社長が来る前の熊本銀座通は、もうどうしようもない状態でした。新しく生まれ変わるには、今

までのやり方や考え方を捨てて、新しいやり方を取り入れるしかありません。だから私は、宝田社長の言うことにできるだけ早く応えていこうと思ったんです」（中嶋祐也）

社長の仕事は、決定することです。
社員の仕事は、社長の決定を実行することです。
そして、会社とは社長の決定を社員が実行する組織のことです。

中小企業に必要なのは、「社長の言ったことを、着実に実行することができる社員」です。もちろん、社員一人ひとりの自主性を尊重することは大切ですが、だからといって、社員の自由にやらせていては、収拾がつかなくなってしまいます。
武蔵野の小山昇社長は「社員の自主性といっても、それは限定された中でのもの。この方針で、このテリトリーで、部下がこうで、数値目標がこうで、その中でやり方を任せているのであって、自由にやっていいと言っているわけではない」とおっしゃっていましたが、私も同感です。

支配人になった中嶋は、現在、スタッフに「本当の意味での」自主性を芽生えさせるために腐心しています。

「社長や支配人から言われたことだけをやるのではなくて、スタッフには、自主性を持って、自分の頭で考えられるようになってほしいと思っています。ですが、自主性というのは、好き勝手にやることではありません。改善提案を提出して、自分の考えを上に認めてもらうことです。『こうしたらいいのではないか』と思うことがあれば、エバーノートにどんどん上げる。そして、社長の決裁を得たらすみやかに実行する。スタッフには、そうした行動力を持ってほしいと思います」（中嶋祐也）

⑤最初は「力づく」で従わせる

「挨拶」「掃除」「電話」は、強制的に行わせています。

最初の3カ月間は、電話応対のトレーニングや発声練習を何度も、何度も、何度も繰り返して、「大きな声」が出るように教育します。

99ページでも説明したように、「嫌なこと」「面倒なこと」「やりたくないこと」を強制することで、社員は謙虚な姿勢で仕事に取り組むようになります。

「嫌なこと」や「面倒なこと」を強制したことによる意外な副産物もありました。うつ状態や、ノイローゼの人が少なくなったことです。

旧メンバーの協力が得られなければ、再建はできない

旧メンバーが熱意を取り戻せば、再建は難しくない

現在、「エクストールイン西条駅前」で支配人を務める須藤史郎は、かつて、「熊本銀座通」にいたスタッフです。

彼は、「旧エクストールイン熊本銀座通」のメンバーでしたが、川六に経営権が移ることを知ったとき、「全従業員で話し合う機会を持った」と言います。

「旧ホテルの社長は、ホテルにまったく顔を出さない方でしたので、詳しい状況まではわからなかったのですが、『高松で結果を出している川六の社長が来る』ということと、『今

いるスタッフはそのまま雇い入れていただける』という話を聞きました。そのとき、旧ホテルには12名ほどのスタッフがいたので、全員で話し合ったんです。その結果、『少ないながらも常連のお客様もいらっしゃるし、同じ場所、同じ建物で仕事をするのだから、働かせていただけるならお願いしよう』という話でまとまりました。それに、当時はもう、どん底の状態でしたから、これ以上悪くなることはないだろう、と（笑）。宝田社長がどんな人なのかまではわかりませんでしたが、『こんなに赤字を垂れ流しているホテルを引き受けるのだから、よほど自信があるのだろう。だったら、新社長に期待してもいいのではないか』と思ったんです。結果的には、宝田社長についていきて、大正解でした」（須藤史郎）

「エクストールイン熊本銀座通」を立て直すことができたのも、旧ホテルのスタッフが「旧ホテルでは発揮できなかった熱意」を私に託してくれたからだと思います。

新卒採用の基準は「優しい人か、否か」

川六では、旧ホテルのスタッフを引き継ぐだけではなく、毎年、新卒社員を採用しています。

川六が求める人材は、**「優しい人」**です。

学力や能力は問いません。困った人がいたら手を差し伸べられる人でなければ、お客様の気持ちに寄り添うことはできないでしょう。

接客のスキルも、ＩＴのスキルも、入社後の教育で身につけることができます。ですが、「優しさ」を育むのは時間がかかります。

それに、「優しい人」は仕事に対しても誠実です。たとえ失敗やミスをおかしても、優しい人は、ありのままを私に報告をしてくれます。

一方で、優しくない人は、言い訳をしやすい。自分を守ろうと、自分の都合がいいように報告をするので、私や支配人が状況を客観的に判断することができません。

お客様満足度よりも先に、従業員満足度を上げる

会社に不満を持つ社員は、お客様に良いサービスを提供できない

川六は、「お客様アンケート」や「ヒヤリング」を徹底して、「お客様の声をサービスに反映させること」に力を入れています。

お客様に喜んでいただけることが、川六の利益の源泉です。人材教育をしてお客様対応の均一化を図ったり、積極的な設備投資をしてスピード対応を心がけるなど、お客様のご要望に少しでも添えるように努力を続けています。

ですが、川六はお客様満足の向上と同等、あるいはそれ以上に、「従業員満足度の向上」に注力しています。

従業員が満足していなければ、お客様満足度向上のための努力はできないからです。

武蔵野の小山昇社長は、「お客様満足度の向上という美名のもと、従業員にいらぬ犠牲を強いてはいけない。従業員満足度はお客様満足度に卓越する」とおっしゃっていますが、私はかつて、社員の給料をカットするなど、従業員に犠牲を強いる経営者でした。

その反省から、現在では、「お客様満足度の向上」と「従業員満足度の向上」を両輪で取り組んでいます。

ビジネスホテルへの業態転換に乗り出す前、旅館川六はジリ貧の状態が何年も続き、昇給もボーナスも見送るしかありませんでした。

会社を黒字にするために、社員の給料を減額して、無理やり利益を出したこともあります。融資を受けている銀行の支店長からは、「これだけ利益が出るのですから、このまま続けてみたらどうですか？　そうすればいずれ立ち直るかもしれませんよ」と言われましたが、これ以上、社員に犠牲を強いることはできませんでした。

おそらく、どの社員も、どの家族も、私に不満があったはずです。「不満足」を感じている従業員に、お客様満足を追求できるわけがありません。

社員に対する後ろめたさもあり、私は「もっと頑張って仕事をしてほしい」と言うことはできませんでした。

社員には「売上が落ち込み、ボーナスが出せないこと」をなんとか理解してもらったが、あるとき、社員の奥様から「どうしてボーナスが出ないんですか？」と問い合わせの電話がありました。

私は、「すみません」と謝ることしかできず、奥様への申し訳なさと、自分への不甲斐なさで、悔しい思いをしました。このときの悔しさが、私の原動力になっています。

「業界水準以上の給料を払おう。年度末賞与も払おう。頑張った社員には頑張った分だけ還元しよう。社員に満足してもらわなければ、お客様満足は追求できない」

私はそう思い、業態転換後は、従業員満足度を向上させるためのさまざまな施策を取り入れています。

【従業員満足度向上のためのおもな取り組み】

①社員が行き先を決める社員旅行の実施

②飲み会の実施
③積極的な人事異動（スピード出世）
④評価制度の透明化
⑤勉強会への積極参加

①社員が行き先を決める社員旅行の実施

「エルステージ高松」オープンの1年後、2003年から社員旅行を実施しています。

社員の慰労のための福利厚生という面もありますが、「新しい体験を通して、気づく力と感性を養う」「一流のサービスを体験してもらう」といった目的もあります。

会社負担1人10万円、行き先は社員が決めます。

たとえば、「ザ・リッツ・カールトンホテル大阪」には、これまでに3度訪れていますが、自分がお客様の立場として泊まってみたからこそ、一流ホテルのホスピタリティを理解できたと思います。

社員のひとりは、当初「ザ・リッツ・カールトンホテル」に対して、「近寄りがたくて、敷居が高い」イメージを持っていたが、実際に宿泊してみると「フレンドリーで、親しみやすい接客が好印象だった」と印象をあらためています。

「おもてなし」や「接客」をテーマにしたビジネス書はたくさん出ていて、そうした本を読むことも大切ですが、なによりも「自分で体験する」ことがいちばんの学びです。

社員旅行は、社員に「新しい体験」を与える大切な時間です。

②飲み会の実施

川六の本社は高松（エルステージ高松）にあります。私は毎月、熊本、西条、厚狭を巡回し、社員の指導、現場の視察、会議、環境整備点検などを行います。

夜は、決まって、飲み会です（笑）。飲み会といっても、飲んでバカ騒ぎをするだけではありません（もちろん、バカ騒ぎするだけの日もあります）。

お酒を飲みながら、ホテルの改善案が決まりますし、飲み会の席で人事異動の打診もあります。落ち込んでいる社員を励ますことも、結果を出した社員をお祝いすることもできます。

飲み会をすると、社長と社員の距離感がなくなります。飲み会で社員の本音を聞いて、「同じ価値観を持っている部分」が出てくる。そこから話を広げて、お互いの共感を重ねていきます。

私はこれまで、3つのホテルの再生に携わっていますが、川六が運営する前の「旧・エクストールイン熊本銀座通」「旧・サンホテル水前寺」「旧・西条国際ホテル」の3つには、共通点がありました。

それは、「飲み会も、懇親会も、ほとんどなかった」ことです。忘年会すらなかったところもありました。ホテルは、業務の特性上、日勤とナイト勤務が顔を合わせることが少ないため、同じホテルに勤務しているのに「1年間、顔を合わせたことがないスタッフがいました」。

「このホテルに、どんな人が勤めているのかわからない」「全員が揃うことがない」という状況の中で、会社の方針が守られるわけがありません。

社内のコミュニケーションを円滑にして、会社に一体感をもたらすためにも、飲み会は効果的だと思います。

「エクストールイン西条駅前」が「旧・西条国際ホテル」のとき、経営幹部と現場スタッフが顔を合わせる機会はほとんどありませんでした。当時を知る守結花は、「西条国際ホテルは寂しいホテルだった」と振り返ります。

「社員同士の交流も少なかったですね。宴会部門は宴会部門で仲が良くて、フロントはフロントで仲が良くて、宴会部門とフロントが交流する機会はほとんどなかったんです。分裂していたわけではありませんが、まとまりはなかったと思います。飲み会も、歓迎会も、送別会もなかったし、それどころか、途中から入社式もなくなりました。今だから言えることですが、正直『寂しいホテルだな』と感じたこともあります。

ですが今は違います。スタッフ同士が顔を合わせることも多いので、チームとしてのまとまりが出てきた気がします」（守結花）

「エクストールイン熊本水前寺」の副支配人、槻木秀治は、かつて、大手ホテルチェーンに勤務していました。「エクストールイン熊本水前寺」のオープンに備え、新規雇用した人材です。

榎木は、前職（大手ホテルチェーン）と、川六のもっとも大きな違いは、「社長と社員の距離感」だと考えています。

「大手ホテルチェーンのときは、何かをしたいと思ったら、すべて、書類のやりとりになります。書類を提出すると、決裁が下りるまでに1カ月はかかりましたから、『お客様のためにこういう改善をやりたい』と思っても、すぐには実現することは難しい。ですが、川六は、社長とダイレクトに話ができるので、改善案をすぐにカタチにできるんです。

また、判断に迷うようなことがあっても、『経営計画書』を見れば、会社の方針が細かく明記されているので、『こういう場合は、どのように対処すればいいのか』がすぐにわかります。こうしたスピード対応ができるのは、川六ならではだと思います」（榎木秀治）

③積極的な人事異動（スピード出世）

川六では、現在も人事異動（ホテル間の異動）を行っていますが、小山昇社長が「今と同じ人では、変化が起きない」とおっしゃるように、これからは今まで以上に人材の交流を図ろうと考えています。

人事異動（人材交流）を行うと、次のメリットが得られます。

- **各ホテルで成果が出た取り組みを横展開しやすくなる**
- **勤務するホテルが変わるとフレッシュな気持ちで業務に当たるため、惰性で仕事をすることがなくなる**
- **「この件は○○さんに聞かないとわからない」「あの仕事は△△さんでないとできない」といったように、「人に仕事がつく」ことがなくなる**

また、私は「立場が人を育てる」と考えているので、今はまだ荒削りでも、可能性を感じる社員がいれば、副支配人や支配人に抜擢する方針です。

早ければ、入社3年で副支配人、5年で支配人になることができます（エクストールイン西条駅前の支配人、須藤史郎は4年で支配人になっています）。

④評価制度の透明化（175ページ参照）

賞与に関しては、あらかじめ事業計画に「稼働率などの条件を満たした場合は、夏1カ月、冬2カ月分の賞与を支払う。稼働率が年間80％を超えた場合は、年度末賞与を1カ月分支給する」と組み込んでおき、社員に周知しています。

また、人事評価を透明化しています。川六では、年に3回、社長と社員が面談をしていて、評価シートの結果に基づいて、公平に査定をしています。

前述したように「お客様アンケートの回収枚数」や「ありがとうカードを受け取った（出した）枚数」（※1）、「改善提案を出した回数と採用された件数」「チェックイン時の評価」「電話応対の評価」「お客様に出す手紙の枚数」（※2）、「お客様からの評価」（※3）なども評価の対象です。

※1：ありがとうカード／社員同士が感謝の気持ちを伝え合うコミュニケーションツール。小さなことをたくさん褒めるしくみとして導入。出した枚数、もらった枚数を評価。お客様の評価は高いのに、ありがとうカードの枚数が少ない場合（他のスタッフからありがとうカードがもらえ

ていない場合）は、スタンドプレーをしていることがわかるので、評価が低くなる。
※2：「お客様に出す手紙の枚数」／お客様に直筆のお礼状を出すのが決まり。目標は毎月10枚以上。
※3：「お客様からの評価」／誰がチェックインを担当したのかがわかるようになっていて、お客様からの評価を100点満点で点数化。毎月上位を表彰。賞与にも連動させる。

「エクストールイン熊本水前寺」でナイト業務に携わっている杉本悟は、旧ホテルでの10年間を「なあなあでも仕事ができた」と振り返っています。

「旧ホテルで10年も働いていたのに、私にはホテルマンとしての自信がありませんでした。なぜなら、言葉は悪いのですが、旧ホテル時代は『なあなあ』でも仕事ができたからです。努力をしなくても、頑張らなくても、そこそこやってこれました。ですから、川六に経営が変わることを知ったときは、ついていけるのか不安でした。

自分なりに努力や勉強をはじめたのは、『エクストールイン熊本水前寺』に変わってからですね」（杉本悟）

努力をすれば努力をしただけ、頑張れば頑張っただけ、結果が出れば出ただけ、公平に評価をするのが川六の人事評価制度です。

環境整備の点数にしても、お客様からの評価にしても、すべて「数字」に落とし込んで、客観的に評価しています。

「旧ホテルではありえなかったことです。川六は、やればやっただけ評価をしてくれるので、努力のしがいがあります。スタッフ同士の競争意識も高くなりました。競争といっても、ギスギスしたり、相手を蹴落としたりすることはありません。環境整備も、『あっちのチームには負けたくない』『向こうのチームよりいい点数を取りたい』という、切磋琢磨できる楽しい競争ですね」（杉本悟）

⑤勉強会への積極参加

社長だけが勉強しても、会社は良くなりません。なぜかというと、社長だけが優秀になって社長と社員の間に溝（実力差）が開いてしまうからです。社長と社員の溝を埋めるに

賞与評価シート

冬期賞与（2か月分）の場合

氏名	川六太郎
基本給	185,000
＊倍率	416,250
獲得金額	14,754
	12,570
	10,152
	25,714
	20,000
小計	83,191
合計	499,441
査定	50,559
合計	550,000

	順位	倍率
基本倍率	277,500	1.5
電話	1	0.25
チェックイン	1	0.25
総合	1	0.25
合計倍率		2.25

アンケート評価順位

最低保証　1位 0.25

2位 0.2

3位 0.15

4位 0.1

5位 0.05

	獲得数	総数	%	予算額
改善	6	61	0.10	150,000
ありがとう	134	1,599	0.08	150,000
手紙	40	591	0.07	150,000
ヒアリング	6	35	0.17	150,000
環境整備	A			

入社3年目川六太郎さんは、基本給185,000円

冬期賞与2ヶ月＝185,000×2＝370,000円

アンケート評価総合1位と毎月目標以上の成果を出し続け

550,000円獲得　（約3ヵ月分）

すべて数字にして透明性を高める

は、「社長と社員（幹部）が一緒に勉強すること」です。

会社の成長に必要なのは、勉強している社員の「数」です。社員も一緒に勉強し、スキルや知見が増えれば増えるほど、会社は改善されていきます。

そこで川六では、株式会社武蔵野の経営サポートパートナー会員になり、武蔵野が主催する実践経営塾、実践幹部塾に参加しています。

この塾に通いはじめてから、幹部の意識が変わりました。社長（私）と同じ目線で物事を判断するようになったため、改善スピードが確実に上がっています。

社長と社員が一緒に勉強する

勉強する社員の数を増やすことが大事

ウェブマーケティングに力を入れて、集客力を上げる

ウェブマーケティングを成功に導く5つの要因

川六では、集客力を上げるために、ウェブマーケティング（ホームページやインターネットの旅行サイトからの予約を増やすこと）に力を入れています。

「エルステージ高松」は、2013年と2014年に、「楽天トラベルアワード　シティ・ビジネス部門　中国・四国エリア　金賞とダイヤモンド賞」を受賞しました。2年連続の受賞は光栄でしたが、内心、「ライバルのホテルも伸びてきているので、今までと同じように集客をしていたら、3年連続の受賞はありえないだろう」と危機感を覚えました。

当時も、ありがたいことに、「広告を打たなくても、ご予約をいただける状態」でしたが、

順調なときこそ（余力があるときこそ）次の手を打っておこうと思い、新規顧客の集客を伸ばす目的で、ウェブの積極活用（ウェブマーケティング）をはじめました。

そのおかげで、ネット予約からの新規顧客数は明らかに伸びています。

２０１５年は、「楽天トラベルアワード　シティ・ビジネス部門　中国・四国エリア　ダイヤモンド賞」のほかに、「四国エリア　トップセールス賞」「四国エリア　ベストパートナー賞」の３冠、２０１６年は「ダイヤモンド賞を含め連続３冠」を受賞することができました。

川六がウェブマーケティングに成功した要因は、次の「５つ」に集約できると思います。

①コンサルタントに丸投げせず、社長が自ら関わる
②掲載する媒体を絞り込む
③大きなキャンペーンでは告知を「できるだけ早く」行う
④タダでもいいから実際に泊まってもらう
⑤紙のパンフレットはなくし、ホテル情報はネットに集約させる

①コンサルタントに丸投げせず、社長が自ら関わる

川六では、社長の私が自ら、ウェブマーケティングに関与しています。

ホームページを構築したり、旅行サイトでホテルの告知をするにあたって、ウェブコンサルタントに「丸投げ」することはありません。

川六は「楽天トラベル」や「じゃらん」などの予約サイトを利用していますが、掲載の打ち合わせはすべて私が同席しています。なぜなら、私以上に川六のことを知っている人間はいないからです。ウェブマーケティングは、お客様にお礼状を出すのと同じで、アナログの感性（現場で身についた感性）がないと成功しません。

コンサルタントはマーケティングのノウハウやウェブの知識はあるが、あいにく、ホテルの現場を知りません。だとすれば、現場に精通している私がマーケティングをしたほうが効果は期待できます。

また、私が直接「楽天トラベル」や「じゃらん」の担当者とやりとりをすれば、コンサルタントを間に挟むよりも、スピード感を持って対応できます。

②掲載する媒体を絞り込む

基本的には、「楽天トラベル」と「じゃらん」の2つを中心に予約を受け付けています。一度にたくさんのサイトを手がけると、手間暇ばかりかかり、「楽天トラベル」と「じゃらん」はオンライン予約サイトの大手ですから、この2つだけでも、大きな集客が見込めます（ビジネス市場なら両社合わせてオンライン市場の約80％のシェア）。

ほかの予約サイトを使ってみたが、実感として、この2つだけで、予約サイトからの売上の約80％は押さえられます。

また、ネット上で川六の露出が増えてくれば、こちらから動かなくても、他の予約サイト（「楽天トラベル」と「じゃらん」以外のサイト）のほうから、「うちにも掲載してもらえませんか?」とお声がけをいただけます。掲載するサイトを広げていくのは、それからでも十分です。すでに公開されている「楽天トラベル」と「じゃらん」に掲載されている情報を流用することもできるので、効率的です。

「エクストールイン西条駅前」のリニューアルオープンに際しては、限られた予算を集中的に使うために、「楽天トラベル」1社に絞りました。

そのかわり、「楽天トラベル」が提供しているリスティング広告（宿泊の検索結果一覧表示の1番目、もしくは2番目に写真つきで表示される広告のこと）に予算を使います。「エクストールイン西条駅前」のオープンは3月1日でしたが、3月、4月、5月、6月、7月まで毎週、すべてのリスティング広告を押さえました。

「エクストールイン西条駅前」のライバルとなるホテルは、まだウェブマーケティングに力を入れていなかったこともあり、リスティング広告の買い占めは効果があったと思います。

おもしろいことに、「楽天トラベル」からの予約が増えるに従い、何も手を打っていない「じゃらん」からの予約も増えました。

③大きなキャンペーンでは告知を「できるだけ早く」行う

「エクストールイン西条駅前」のリニューアルオープンに関しては、オープン（3月）の

予約サイトは「楽天トラベル」「じゃらん」中心

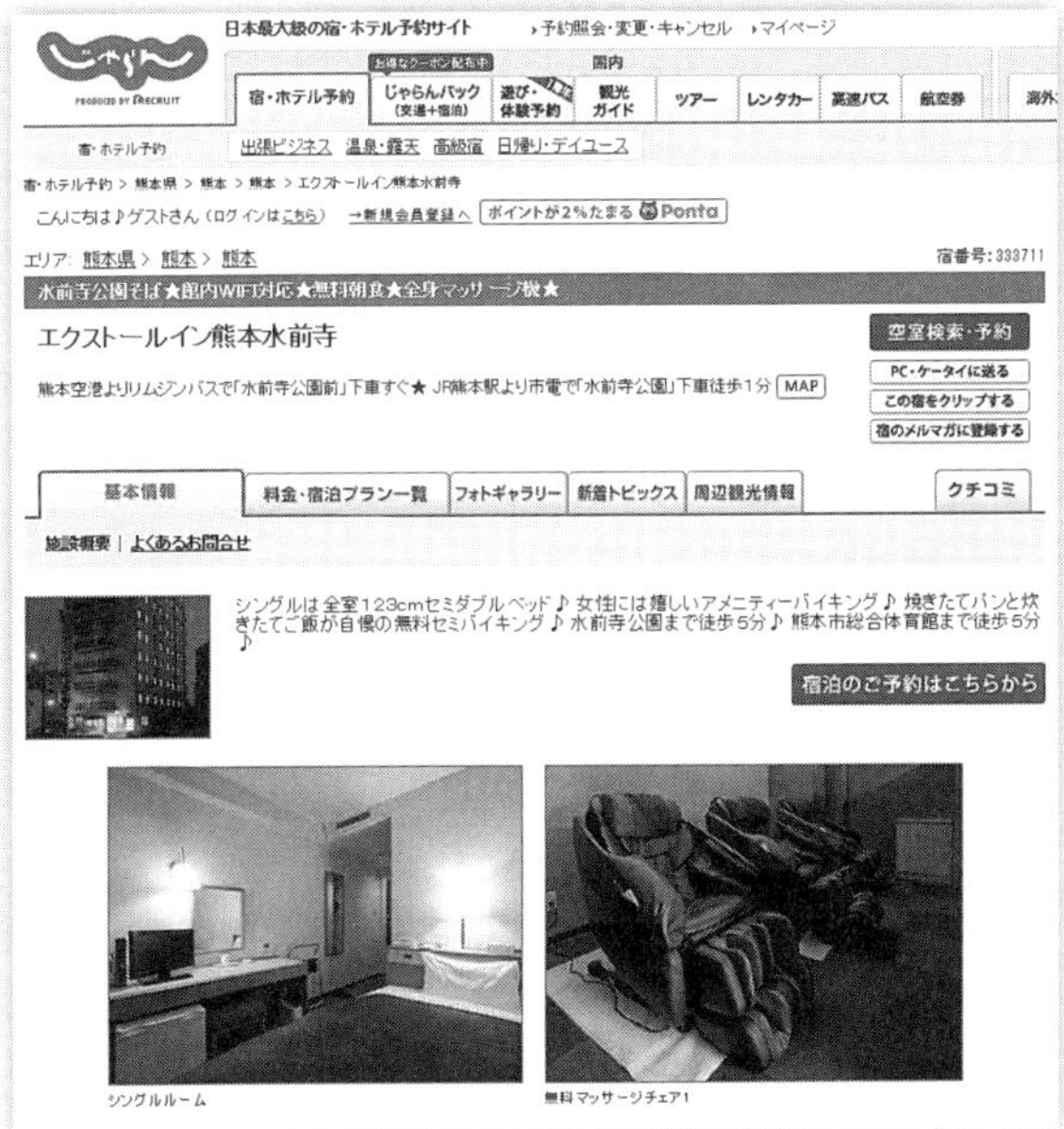

「5カ月前」から予約を受け付けました。

また、前年の11月から、定期的に「エルステージ高松」と「エクストールイン熊本銀座通」「エクストールイン熊本水前寺」のお客様を対象に、「西条駅前」のキャンペーン告知メールをお送りさせていただきました（3店舗で約10万通）。

経験上、広告の掲載は「早いに越したことはない」というのが実感です。すぐに予約につながることはなくても、お客様のパソコンやスマホに「閲覧履歴」が残るだけでも、次につながりやすくなります。

④タダでもいいから実際に泊まってもらう

「エクストールイン西条駅前」では、3月のキャンペーン価格を「3000円」に設定しました（オープンから2週間限定）。これは、定価の半額です。

「安すぎる」「利益が出ない」と思われても、私は「タダでもいいから、一度、川六に泊まっていただく」ことが大切だと思います。一度泊まってさえいただければ、リピーターになっていただく自信がありますし、口コミも生まれやすいです。

⑤紙のパンフレットはなくし、ホテル情報はネットに集約させる

川六に、紙のパンフレットはありません。すべて廃止しました。

川六に問い合わせをしてくる旅行会社の方から、「パンフレットを10部送ってください」と言われることもありますが、そのときは「紙のパンフレットはないので、ホームページを見てください」とお伝えしています。紙のパンフレットにかかる費用をすべてウェブマーケティングに振り分けています。

川六では、「楽天トラベル」が四半期に一度実施する「スーパーセール」を最大限に利用しています。「とにかく、一度、川六にお越しいただく」ことが目的ですから、こうしたイベントに参加するときは赤字覚悟、価格はいくらでもいいわけです。

以前、「スーパーセール」で「熊本銀座通」を売り出したときは、リスティング広告を使って露出を高めた上に、価格を「半額」以下に設定したところ、あっというまに数カ月先まで完売したことがありました。

このときは、東京都内にある某有名シティホテルの予約数を超えて、「日本一」になりました。

川六が使っている広告宣伝費（ウェブマーケティング限定）は、年間で約２５００万円です。同等規模のビジネスホテルと比較した場合、投資額は明らかに多いでしょう。

ですが、この積極的なウェブマーケティングへの投資こそ、稼働率を高める上で欠かせない戦略です。

ライバルのお客様を川六のリピーターにする方法

どうやって私は、他のホテルの常連客を奪ったのか？

とくにビジネスマンの方は、「一度常宿を決めたら、よほどのことがない限り、ホテルを変えない」という傾向があります。通常の出張などでは、毎回、同じホテルに宿泊されるので、ホテルを変えることはめったにありません。

ということは、「ほかのホテルに宿泊しているお客様の目を、いかに川六に向けるか」が課題になります。

「エルステージ高松」がオープンしたばかりのころ、私は「他のホテルのお客様（リピーター）」を自社のお客様にするために、次のような作戦を取ったことがありました。

年に何度か、高松市内のホテルが予約でいっぱいになるときがあります（イベントや大きな大会があるとき）。

そのとき私は、事前の予約は受け付けずに、ホテルの部屋を売らずに（空けて）持っておきました。予約を受け付けるのは、当日になってから、です。

すると、いつもはライバルのホテルに宿泊されているお客様から、イベントの当日にご予約が入ります。常宿の部屋が取れなかったからです。

「エルステージ高松」には部屋が空いているから（意図的に空けていた）、たくさんのお客様を受け入れることができます。

私は「一度でも、川六のホテルに宿泊していただければ、リピートしていただく自信があった」ので、この作戦は功を奏しました。

結果的にライバルからお客様を奪い、川六のリピーターを増やすことができたからです。

リピーターと新規の割合は、「6割：4割」が理想

リピーターの確保は、ホテルを安定的に成長させていく上で、とても大切です。

ですが、「客室がすべてリピーターで埋まる」のは好ましくありません。お客様の構成は、「リピーター6割：新規4割くらい」が理想だと私は考えています。

リピーターの方も、定年退職や転勤、人事異動などで川六のホテルを利用しなくなることもありますから、リピーターだけを頼るのは危険です。

ホテルにとって大切なのは「空室をつくらない」ことですから、「新規であれ、リピーターであれ、とにかく部屋が埋まればいい」と考えるホテル経営者もいますが、私は違います。新規のお客様とリピーターのバランスに配慮して、リピーターを優先しながらも、新規のお客様を未来のリピーターに育てることが大切だと考えています。新規を獲得しなければ、絶対的な客数が増えません。

「今日、満室になればいい」のではなく、未来を見据えることも大切です。

あえてライバルが多いゾーンで勝負する

川六グループのホテルは、「エルステージ」も、「エクストールイン」も、もっともライバルの多いゾーンで戦っています。

ランクを上げる（ハイグレード化する）ことも、下げる（価格を落とす）ことも考えていません。「宿泊特化型ホテル」の場合、1泊6000円前後の価格帯は、もっとも一般的なボリュームゾーンで、競合するホテルも多い。

けれど、競合する相手が多いことは、それだけお客様の数も多いです。このゾーンで「最大のコストパフォーマンス」を追求できれば、多くのお客様を獲得することができます。

1泊4000円以下を望まれるお客様は、サービスやおもてなしよりも「価格」を重視し、1泊8000円以上のホテルにお泊まりになられるお客様は、「シティホテル並みのホスピタリティ」を期待するため、いずれの場合も、川六の優位性が出にくくなります。

川六の強みを出すには、1泊6000円前後の価格帯がもっとも勝負しやすいのです。

リピーターの数を増やすなら、「あえて、ライバルが多いゾーンで勝負する」のが私の戦略です。

おわりに

浸透しはじめた「川六ブランド」

旅館からの業態転換に成功した川六には、現在、いくつもの再生案件が寄せられています。今後も、再生事業に積極的に乗り出す予定です。

現在、川六では、5つのホテルで「約800室」を稼働させていますが、当面の目標は「1000室」に増やすことです。

この数字は、数年のうちに実現すると確信しているので、「1000室」の次は、「3000室」を狙います。

川六が再生事業に乗り出してから5年が経ちますが、この間、スタッフは大きく成長しました。

旧ホテル時代は、多くのスタッフがうつむきがちでしたが、今では、大きな声を出せるようになりました。

そしてどのホテルにも、「老舗旅館のＤＮＡ」＝「おもてなしの心」が浸透しはじめています。

「エルステージ高松」のお客様が、「エクストールイン熊本銀座通」にお泊まりになられたことがあります。

このお客様は、「熊本銀座通」が川六グループだと知りませんでした。そして、「熊本銀座通」のスタッフに、こんなことを言ったそうです。

「このホテルは、高松にある川六に似てますね」

私は、このお客様の言葉を知って、とても嬉しく思いました。なぜなら、「挨拶」「掃除」

「電話」に代表される「川六の接客」が根付いてきた証拠だからです。

事業再生にもっとも必要なのは、社長の本気

4つのホテルの再生に尽くした結果、私は、

「社長（トップ）が本気になれば、どんな困難からも立ち直ることができる」

と信じています。

本気になれば、自分の発言が変わります。
本気になれば、自分の行動が変わります。

そして、社長が本気になれば、その思いは必ず社員にも伝わって、社員が変わり、会社

が変わります。

大手ホテルチェーンに圧倒的優位な立場で攻められ、戦意を失い、なすすべもなくやられてしまったホテルをたくさん見てきました。

でも、川六は違います。

私は、たとえ相手が巨大資本であっても、臆せずに戦い続けます。

社員と一緒にコツコツと掃除をはじめ、大きな声で電話に出て、明るい挨拶をすれば、

「相手が誰であれ、決して負けない」

ことが経験的にわかったからです。

たとえ今はシェアを奪われていても、社長と社員が方針を共有して、チーム一丸となって、本気になって戦えば、オセロの石を裏返すように、自社のシェアを伸ばすことができます。

どん底に陥っても、決してあきらめない。

何をしていいのかわからない状態になっても、踏ん張る。川六がそうだったように、何かひとつでも行動を起こせば（川六の場合は、挨拶と掃除と電話でした）、局面を変えることができるはずです。

最後になりましたが、私たちのお客様、お取引先様、社員のみなさん、そして推薦の言葉をお寄せくださった、株式会社武蔵野代表取締役の小山昇社長に心より感謝を申し上げます。ありがとうございます。

本書がみなさまの一助になることを祈念しています。

株式会社川六　代表取締役社長

宝田圭一

著者紹介

宝田圭一（たからだ・けいいち）

株式会社川六代表取締役社長。

1962年兵庫県神戸市生まれ。香川大学経済学部卒業後、製薬会社勤務ののち、1989年川六入社（27歳）。2000年代表取締役就任。2002年免震構造採用の「エルステージ館」を新築オープンし、旅館から宿泊特化型ビジネスホテルに業態変更（ホテル川六エルステージ高松）。慢性的な赤字体質から高収益企業へと変化を遂げる。2011年エクストールイン熊本銀座通オープン（県外初進出）、2013年エクストールイン熊本水前寺オープン、2016年愛媛県にエクストールイン西条駅前オープン、2017年山口県にエクストールイン山陽小野田厚狭駅前オープン。

高松本社は、楽天トラベルアワード2012年・シティ・ビジネス部門・中国・四国エリア金賞受賞、以後4年連続受賞中。熊本銀座通は、楽天トラベルアワード2012年・シティ・ビジネス部門九州エリア銀賞受賞、以後4年連続受賞中。2015年は、高松本社と熊本銀座通を合わせて楽天トラベルアワード驚異の5冠達成。

ビジネスホテル業態の業績不振ホテルの再生を得意とし、2011年から5年連続2桁の売上成長、今後も中国・四国、九州に出店を加速する。


地域《ちいき》でいちばんピカピカなホテル　〈検印省略〉

2017年　1　月　7　日　第　1　刷発行

著　者――宝田　圭一（たからだ・けいいち）
発行者――佐藤　和夫

発行所――株式会社あさ出版
〒171-0022　東京都豊島区南池袋 2-9-9 第一池袋ホワイトビル 6F
電　話　03 (3983) 3225（販売）
　　　　03 (3983) 3227（編集）
F A X　03 (3983) 3226
U R L　http://www.asa21.com/
E-mail　info@asa21.com
振　替　00160-1-720619

印刷　文唱堂印刷株式会社
製本　本村製本株式会社
乱丁本・落丁本はお取替え致します。

facebook　http://www.facebook.com/asapublishing
twitter　http://twitter.com/asapublishing

ISBN978-4-86063-958-7 C2034

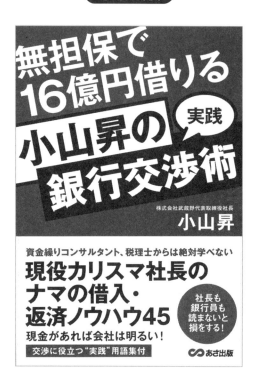